Dr. Jaerock Lee

La Certeza de Lo que Se Espera

URIM
BOOKS

"Es, pues, la fe la certeza de lo que se espera, la convicción de lo que no se ve. ... Pero sin fe es imposible agradar a Dios; porque es necesario que el que se acerca a Dios crea que le hay, y que es galardonador de los que le buscan."
(Hebreos 11:1, 6)

La Certeza de Lo que Se Espera por el Dr. Jaerock Lee
Publicado por Libros Urim (Representante: Kyungtae Noh)
73, Yeouidaebang-ro 22-gil, Dongjak-gu, Seúl - Corea
www.urimbooks.com

Derechos de autor © 2013 por el Dr. Jaerock Lee
ISBN: 978-89-7557-771-0
Derechos de traducción al inglés © 2008 por la Dra. Esther K. Chung. Usado con permiso.

Publicado originalmente en coreano por Libros Urim en 1990.

Primera publicación: Junio 2013

Editado por la Dra. Geumsun Vin
Diseñado por la oficina editorial de Libros Urim
Impreso por Yewon Printing House
Para mayor información contáctese con urimbook@hotmail.com

Prefacio

¡Doy gracias y gloria a Dios el Padre por habernos permitido publicar este libro!

Dios, quien es Amor, envió a Su Hijo unigénito, Jesucristo, como sacrificio expiatorio por la humanidad que estaba destinada a morir por causa de sus pecados a raíz de la desobediencia de Adán y pavimentó el sendero a la salvación para nosotros. Con fe en este acto, cualquiera que abra su corazón y acepte a Jesucristo como su Salvador será perdonado de sus pecados, recibirá el don del Espíritu Santo y será reconocido por Dios como Su hijo. Además, en calidad de hijo de Dios, tendrá derecho a recibir las respuestas a cualquier cosa que pida con fe. El resultado de esto será la abundante vida sin escasez de cosa alguna y el poseer la habilidad para vencer el mundo de modo triunfante.

La Biblia nos dice que los padres de la fe creían en el poder de Dios que creaba algo de la nada; ellos llegaron a experimentar obras sorprendentes de Dios. Nuestro Dios es el mismo ayer, hoy y siempre y con Su gran poder todavía puede hacer las mismas obras para aquellos que creen y practican la Palabra de Dios escrita en la Biblia.

Durante la última década de mi ministerio he presenciado a innumerables miembros de Manmin que han recibido respuestas y soluciones a varios problemas sufridos en sus vidas gracias a que han creído y obedecido la Palabra de verdad. Ellos lograron glorificar a Dios en gran manera. Al creer la Palabra de Dios diciendo: *"Desde los días de Juan el Bautista hasta ahora, el reino de los cielos sufre violencia, y los violentos lo arrebatan"* (Mateo 11:12), al esforzarse y orar y poner en práctica la Palabra de Dios para poseer mayor fe, ellos han llegado a ser más preciosos y bellos que cualquier otra cosa.

Esta obra está dirigida a aquellos que anhelan fervientemente llevar una vida que posee fe verdadera para glorificar a Dios, difundir el amor de Dios y compartir el evangelio del Señor. En las últimas dos décadas he predicado muchos mensajes con el tema de la 'fe' y al escoger de entre ellos y editarlos de manera ordenada, se hizo posible la impresión de este libro. Anhelo que esta obra titulada *La Certeza de Lo que Se Espera* desempeñe la función de faro que guía hacia la fe verdadera para innumerables almas.

El aire sopla por donde quiere y es invisible a nuestros ojos. No obstante, al ver que las hojas de los árboles se mecen en el viento, podemos sentir la realidad del viento. De igual modo, aunque en realidad no podemos ver a Dios a simple vista, Él está vivo y en verdad existe. Es por eso que, de acuerdo a la fe en Él, podremos verlo, escucharlo, sentirlo y experimentar Su presencia en el nivel que uno desee.

Jaerock Lee

Tabla de contenidos

Prefacio

Capítulo 1

Fe carnal y fe espiritual · 1

Capítulo 2

Los que piensan en las cosas de la carne son enemigos de Dios · 13

Capítulo 3

Destruya todo tipo de pensamientos y teorías · 29

Capítulo 4

Sembrar las semillas de la fe · 43

Capítulo 5

"Si puedes creer, al que cree todo le es posible" · 57

Capítulo 6

David confió únicamente en Dios · 71

Capítulo 7

Dios provee por adelantado · 85

Capítulo 1

Fe carnal y fe espiritual

Hebreos 11:1-3

"Es, pues, la fe la certeza de lo que se espera, la convicción de lo que no se ve. Porque por ella alcanzaron buen testimonio los antiguos. Por la fe entendemos haber sido constituido el universo por la palabra de Dios, de modo que lo que se ve fue hecho de lo que no se veía".

Un pastor se deleita cuando ve que su redil posee fe verdadera con la que glorifica a Dios. Por un lado, cuando algunas ovejas dan testimonio del Dios vivo y de sus vidas en Cristo, el pastor se regocija y se torna más apasionado por la obra que Dios le ha designado. Por otro lado, cuando alguien no logra avanzar en su fe y cae en pruebas y aflicciones, el pastor siente dolor y su corazón se atribula.

Sin fe es imposible agradar a Dios y recibir Sus respuestas a las oraciones. Será también muy difícil poseer la esperanza del Cielo y llevar una vida adecuada de fe.

La fe es el cimiento más importante de la vida cristiana; es el atajo a la salvación y una necesidad esencial para recibir las respuestas de parte de Dios. En la actualidad, ya que la gente no tiene idea de la definición correcta de la fe, muchos no logran tener fe verdadera ni tampoco la certeza de la salvación. No son capaces de caminar en la luz ni de recibir las respuestas de Dios a pesar de confesar su fe en Él.

La fe se divide en dos categorías: fe carnal y fe espiritual. Este primer capítulo explica lo que es la fe verdadera y cómo se puede recibir respuestas de parte de Dios y ser guiado en el camino a la vida eterna por medio de la fe.

Fe carnal

Cuando se cree lo que se ve con los ojos y las cosas que concuerdan con nuestro conocimiento y pensamientos, estamos refiriéndonos a la 'fe carnal'. Con este tipo de fe carnal solo se puede creer aquellas cosas que están hechas de lo que es visible. Por ejemplo: con esta fe se cree que un escritorio está hecho de madera.

A la fe carnal se la conoce también como 'fe como conocimiento' con la que se cree solo lo que está de acuerdo con el conocimiento almacenado en el cerebro y los pensamientos. Quizás usted crea sin duda alguna que un escritorio está hecho de madera porque ha visto o escuchado que es así y tiene comprensión de ello.

Las personas tienen un sistema de memoria en el cerebro en el que ingresan muchos tipos de conocimiento desde el nacimiento; en las células cerebrales se almacena el conocimiento extraído de lo que se ve, se escucha y se adquiere por medio de padres, hermanos, amigos y vecinos así como lo aprendido en la escuela. Este conocimiento almacenado se usa según sea necesario.

No todo el conocimiento almacenado en el cerebro constituye la verdad. La Palabra de Dios es la verdad porque permanece para siempre, mientras que el conocimiento del mundo cambia con facilidad y es una mezcla entre la verdad y la falsedad. Ya que la gente del mundo no tiene un entendimiento completo de la verdad, no se dan cuenta de que la falsedad se está utilizando incorrectamente como si fuera la verdad. Por ejemplo: creen que la teoría de la evolución es correcta porque han aprendido únicamente esa teoría en las escuelas, sin contar con el conocimiento de la Palabra de Dios.

Aquellos que han aprendido solamente que las cosas surgen de algo que ya existe no logran creer que algo puede surgir de la nada.

Si se obliga a un hombre con fe carnal a creer que algo puede surgir de la nada, el conocimiento que desde su nacimiento ha almacenado y que considera correcto evitará que crea; sus dudas lo acompañarán y no podrá creer.

En el tercer capítulo de Juan vemos que un gobernante de los judíos llamado Nicodemo se acercó a Jesús e intercambió conversaciones espirituales con Él, durante las cuales Jesús lo desafió diciendo: *"Si os he dicho cosas terrenales, y no creéis, ¿cómo creeréis si os dijere las celestiales?"* (v. 12)

Cuando se inicia la vida cristiana se almacena el conocimiento de la Palabra de Dios en la medida en que se la escucha, pero no se lo puede creer por completo desde un comienzo y entonces descubrimos que la fe aún es carnal. Con esta fe carnal se da cabida a la duda en el corazón y no se logra vivir según la Palabra de Dios ni comunicarse con él para recibir Su amor. Es por esto que a la fe carnal se la conoce también como 'fe sin actos' o 'fe muerta'.

Con la fe carnal no se puede alcanzar la salvación. En Mateo 7:21, Jesús dijo: *"No todo el que me dice: Señor, Señor, entrará en el reino de los cielos, sino el que hace la voluntad de mi Padre que está en los cielos"*, y en Mateo 3:12 leemos: *"Su aventador está en su mano, y limpiará su era; y recogerá su trigo en el granero, y quemará la paja en fuego que nunca se apagará"*. En resumen, si no se practica la Palabra de Dios y la fe se convierte en fe sin obras, no se logrará entrar en el reino de los Cielos.

Fe espiritual

Cuando se cree en las cosas que no se pueden ver y que no están en acuerdo con los pensamientos y conocimiento humano, se considera que se tiene fe espiritual con la que se puede creer que algo puede surgir de la nada.

Con respecto a esta fe espiritual, Hebreos 11:1 la define de la siguiente manera: *"Es, pues, la fe la certeza de lo que se espera, la convicción de lo que no se ve"*. En otras palabras, cuando se vean las cosas con ojos espirituales, estas se convertirán en una realidad; cuando se ve con los ojos de la fe lo que no se puede ver, se revela la convicción con la que se logra creer. Con la fe espiritual se hacen posibles y se tornan realidad las cosas que no se lograba alcanzar con la fe carnal, conocida también como 'fe como conocimiento'.

Por ejemplo: cuando Moisés vio las cosas con los ojos de fe, el Mar Rojo se abrió en dos y el pueblo de Israel cruzó sobre tierra seca (Éxodo 14:21-22). Asimismo, cuando Josué, el sucesor de Moisés, y su pueblo vieron la ciudad de Jericó, marcharon a su alrededor por siete días y luego gritaron junto al muro que al momento se derrumbó (Josué 6:12-20). Abraham, el padre de la fe, pudo obedecer el mandato de Dios y ofrecer a aquel que era la semilla de la promesa de Dios, su hijo único, Isaac, ya que creía que Dios podía levantar a los hombres de la muerte (Génesis 22:3-12). Esta es la razón por la que a la fe espiritual se la llama 'fe acompañada con acciones' y 'fe viva'.

En Hebreos 11:3 está escrito: *"Por la fe entendemos haber sido constituido el universo por la palabra de Dios, de modo que lo que se ve fue hecho de lo que no se veía"*. Los cielos y la tierra y todas las cosas en ellos incluyendo el sol, la luna, las estrellas, los árboles, las aves, los peces y las bestias fueron creadas por la Palabra de Dios y Él formó al hombre con polvo de la tierra. Todo fue creado de la nada y nosotros podemos creer y comprender esto únicamente con fe espiritual.

No todo era visible a nuestros ojos o una realidad tangible, pero gracias al poder de Dios, es decir, a Su Palabra, todo se creó y es por eso que confesamos que Dios es Todopoderoso y Omnisciente y que de Él recibimos todo lo que pedimos con fe.

Esto se debe a que el Dios Todopoderoso es nuestro Padre y nosotros Sus hijos, de modo que todo nos es posible de acuerdo a lo que creemos.

Para poder recibir respuestas y experimentar milagros gracias a la fe, debemos convertir nuestra fe carnal en fe espiritual. En primer lugar se debe comprender que el conocimiento almacenado en el cerebro desde el nacimiento, al igual que la fe carnal basada en ese conocimiento, impiden poseer la fe espiritual. Se debe demoler el conocimiento que produce dudas y sacar aquel que ha sido almacenado erróneamente en el cerebro. En la medida en que se escuche y comprenda la Palabra de Dios, el conocimiento espiritual se almacenará cada vez más en su ser. En la medida en que se presencie las señales y maravillas reveladas por el poder de Dios y se experimente las evidencias del Dios vivo manifestadas por medio de los testimonios de los creyentes, las dudas se alejarán y la fe espiritual aumentará.

Mientras más crezca la fe espiritual, se podrá vivir según la Palabra de Dios, se tendrá comunicación con Él y se recibirá Sus respuestas. Cuando las dudas se alejen por completo se podrá estar firme sobre la roca de la fe y se logrará ser considerado como alguien que posee una fe sólida con la que se puede llevar una vida victoriosa en medio de cualquier tribulación y prueba.

Respecto a esta roca de la fe, Santiago 1:6 nos advierte: *"Pero pida con fe, no dudando nada; porque el que duda es semejante a la onda del mar, que es arrastrada por el viento y echada de una parte a otra";* más adelante nos pregunta: *"¿de qué aprovechará si alguno dice que tiene fe, y no tiene obras? ¿Podrá la fe salvarle?"* (Santiago 2:14)

Por ende, animo a recordar que solo cuando se aleja toda duda, se levanta firme sobre la roca de la fe y se muestra las obras de fe, se podrá ser considerado como alguien con fe espiritual y verdadera con la que se puede ser salvo.

Fe verdadera y vida eterna

La parábola de las diez vírgenes descrita en Mateo 25 nos proporciona muchas enseñanzas; dice que las diez vírgenes tomaron sus lámparas y salieron al encuentro del novio. Cinco de ellas eran prudentes y tomaron consigo aceite en vasijas junto con sus lámparas, de modo que lograron recibir al novio de manera exitosa. Pero las otras cinco eran insensatas y no llevaron aceite con sus lámparas, de manera que no pudieron encontrarse con el novio. Esta parábola explica que entre los creyentes serán salvos aquellos que llevan vidas de fe y se preparan para el regreso del Señor con fe espiritual, mientras que los que no se preparen adecuadamente no podrán alcanzar la salvación porque su fe está muerta y no está acompañada de obras.

Por medio de Mateo 7:22-23, Jesús nos muestra que, a pesar de que muchos han profetizado, han expulsado demonios y han hecho milagros en Su nombre, no todos ellos podrán ser salvos, lo que se debe a que estos resultan ser la paja que no ha hecho la voluntad de Dios sino que ha practicado el desenfreno y ha cometido pecados.

¿Cómo distinguir entre el trigo y la paja?

El *Compact Oxford English Dictionary* define la 'paja' como 'el tallo de ciertas gramíneas después de haber separado el grano o semilla mediante la trilla'. En lo espiritual la paja simboliza los creyentes que parecen vivir de acuerdo a la Palabra de Dios pero que cometen actos de maldad sin transformar sus corazones con la verdad; van a la iglesia cada domingo, dan sus diezmos, oran a Dios, cuidan de las ovejas más débiles y sirven en la iglesia, pero hacen todas estas cosas a fin de mostrarse ante los ojos de la gente a su alrededor y no ante los ojos de Dios. Es por esto que se los clasifica como paja y no pueden recibir salvación.

El trigo se refiere a los creyentes que se han convertido en hombres y mujeres de espíritu según la Palabra de verdad de Dios y que poseen la fe que no se sacude ante ninguna circunstancia ni es echada de una parte a otra. Ellos todo lo hacen con fe; ayunan y claman a Dios con fe a fin de recibir respuestas de parte de Él. No actúan según la fuerza ejercida por los demás, sino que hacen todo con gozo y gratitud y ya que siguen la voz del Espíritu Santo para complacer a Dios y actuar con fe, sus almas prosperan, todo les sale bien y disfrutan de buena salud.

Le animo a que examine su ser, si ha adorado a Dios en espíritu y verdad o si se ha adormecido e ido tras pensamientos ociosos, juzgando la Palabra de Dios durante los servicios de adoración. También debe examinar si ha presentado las ofrendas con alegría o si ha sembrado con egoísmo o de modo renuente, solo por mostrarse a los demás. Mientras más se fortalezca su fe espiritual, más obras perseguirá, y mientras más practica la Palabra de Dios, la fe viva le será otorgada y permanecerá bajo el amor y la bendición de Dios, caminará con Él y tendrá éxito en todo. Todas las bendiciones registradas en la Biblia recaerán sobre usted porque Dios es fiel a Sus promesas, tal como está escrito en Números 23:19 que dice: *"Dios no es hombre, para que mienta, ni hijo de hombre para que se arrepienta. El dijo, ¿y no hará? Habló, ¿y no lo ejecutará?"*

No obstante, si ha asistido a los servicios de adoración y ha orado de manera regular además de servir en la iglesia con diligencia, pero no ha logrado recibir los deseos de su corazón, entonces debe comprender que algo está mal de su parte.

Si usted posee fe verdadera, debe seguir y practicar la Palabra de Dios. En lugar de insistir en sus propios pensamientos y conocimiento, debe reconocer que solamente la Palabra de Dios es la verdad y debe tener la valentía para destruir cualquier cosa contraria a la Palabra de Dios. Debe despojarse de toda forma de maldad al escuchar diligentemente la Palabra de Dios y alcanzar la santificación por medio de las oraciones sin cesar.

No es verdad que somos salvos con solo asistir a la iglesia, escuchar la Palabra de Dios y almacenarla como conocimiento; a menos que la practique, será fe muerta y sin obras. Solo cuando posea fe verdadera y espiritual y cuando haga la voluntad de Dios, podrá entrar en el reino de los Cielos y disfrutar de la vida eterna.

Anhelo que comprenda que Dios desea que usted tenga fe espiritual acompañada de acciones y que disfrute de la vida eterna y de los privilegios de los hijos de Dios con fe verdadera

Capítulo 2

Los que piensan en las cosas de la carne son enemigos de Dios

Romanos 8:5-8

"Porque los que son de la carne piensan en las cosas de la carne; pero los que son del Espíritu, en las cosas del Espíritu. Porque el ocuparse de la carne es muerte, pero el ocuparse del Espíritu es vida y paz. Por cuanto los designios de la carne son enemistad contra Dios; porque no se sujetan a la ley de Dios, ni tampoco pueden".

En la actualidad hay muchas personas que asisten a la iglesia y profesan su fe en Jesucristo. ¡Esta es una noticia buena y de gozo para nosotros! Sin embargo, en Mateo 7:21, Jesús nos dice: *"No todo el que me dice: Señor, Señor, entrará en el reino de los cielos, sino el que hace la voluntad de mi Padre que está en los cielos"*. Y en los versos 22 y 23, añadió: *"Muchos me dirán en aquel día: Señor, Señor, ¿no profetizamos en tu nombre, y en tu nombre echamos fuera demonios, y en tu nombre hicimos muchos milagros? Y entonces les declararé: Nunca os conocí; apartaos de mí, hacedores de maldad"*.

Asimismo, en Santiago 2:26 nos instruye: *"Porque como el cuerpo sin espíritu está muerto, así también la fe sin obras está muerta"*. Es por esto que debemos completar nuestra fe a través de las obras de obediencia, para que podamos ser reconocidos como verdaderos hijos de Dios que reciben cualquier cosa que piden.

Después de aceptar a Jesucristo como Salvador, llegamos a deleitarnos en la ley de Dios y a servirla con nuestra mente. No obstante, si dejamos de guardar los mandamientos de Dios, entonces empezamos a servir a la ley del pecado con nuestra carne y dejamos de agradar a Dios. Esto se debe a que somos sometidos a una posición de enemistad con Dios por nuestros pensamientos carnales y no logramos someternos a la ley de Dios.

Pero si nos abstenemos de los pensamientos carnales y seguimos los espirituales, seremos guiados por el espíritu de Dios, guardaremos Sus mandamientos y le seremos de agrado tal como

Jesús, quien cumplió la ley con amor. Por ende, la promesa de Dios que dice que todo es posible para los que creen, desciende sobre nosotros.

Ahora examinemos cuál es la diferencia entre los pensamientos carnales y los espirituales. Veamos por qué los pensamientos carnales son enemistad contra Dios y cómo podemos evitarlos para caminar de acuerdo al Espíritu de modo que agrademos a Dios.

El hombre carnal piensa en sus deseos carnales, mientras que el hombre espiritual desea las cosas del Espíritu.

1) La carne y los deseos de la carne

En la Biblia encontramos términos tales como 'la carne', 'cosas de la carne', 'deseos de la carne' y 'obras de la carne'. Estas palabras tienen significados similares y todas se descomponen y desaparecen una vez que dejamos este mundo.

Las obras de la carne están descritas en Gálatas 5:19-21: *"Y manifiestas son las obras de la carne, que son: adulterio, fornicación, inmundicia, lascivia, idolatría, hechicerías, enemistades, pleitos, celos, iras, contiendas, disensiones, herejías, envidias, homicidios, borracheras, orgías, y cosas semejantes a estas; acerca de las cuales os amonesto, como ya os lo he dicho antes, que los que practican tales cosas no heredarán el reino de Dios".*

En Romanos 13:12-14, el apóstol Pablo nos advierte contra los deseos de la carne, diciendo: *"La noche está avanzada, y se acerca el día. Desechemos, pues, las obras de las tinieblas, y vistámonos las armas de la luz. Andemos como de día, honestamente; no en glotonerías y borracheras, no en lujurias y lascivias, no en contiendas y envidia, sino vestíos del Señor Jesucristo, y no proveáis para los deseos de la carne".*

Tenemos una mente y tenemos pensamientos; cuando albergamos deseos pecaminosos y falsedad en nuestras mentes nos referimos a los "deseos de la carne", y cuando estos deseos se convierten en acciones hablamos de "obras de la carne". Los deseos y las obras de la carne están en contra de la verdad, por lo que, todo el que se entrega a ellas no podrá heredar el reino de Dios.

Es por esto que, en 1 Corintios 6:9-10, Él nos advierte: *"¿No sabéis que los injustos no heredarán el reino de Dios? No erréis; ni los fornicarios, ni los idólatras, ni los adúlteros, ni los afeminados, ni los que se echan con varones, ni los ladrones, ni los avaros, ni los borrachos, ni los maldicientes, ni los estafadores, heredarán el reino de Dios".* Asimismo, en 1 Corintios 3:16-17 leemos: *"¿No sabéis que sois templo de*

Dios, y que el Espíritu de Dios mora en vosotros? Si alguno destruyere el templo de Dios, Dios le destruirá a él; porque el templo de Dios, el cual sois vosotros, santo es".

Como está escrito en los versos anteriores, es necesario comprender que los injustos que cometen pecados y maldad con sus acciones no podrán heredar el reino de Dios; quienes practican las obras de la carne no podrán ser salvos. Manténganse alertas para no caer en la tentación presentada por predicadores que dicen que la salvación se alcanza con asistir a la iglesia solamente. En el nombre del Señor imploro que usted no caiga en tentación sino que examine cuidadosamente la Palabra de Dios.

2) El espíritu y los deseos del espíritu

El hombre contiene espíritu, alma y cuerpo; nuestro cuerpo perece y es únicamente el albergue del espíritu y el alma. El espíritu y el alma son las entidades incorruptibles encargadas del funcionamiento de nuestra mente y nos dotan de vida.

El espíritu se clasifica en dos categorías: El espíritu que pertenece a Dios y el espíritu que no pertenece a Dios. Respecto a esto, en 1 Juan 4:1 leemos: *"Amados, no creáis a todo espíritu, sino probad los espíritus si son de Dios; porque muchos falsos profetas han salido por el mundo".*

El Espíritu de Dios nos ayuda a confesar que Jesucristo vino en carne y nos lleva a conocer las cosas que Dios nos ha otorgado gratuitamente (1 Juan 4:2; 1 Corintios 2:12).

En Juan 3:6, Jesús dijo: *"Lo que es nacido de la carne, carne es; y lo que es nacido del Espíritu, espíritu es".* Si aceptamos a Jesucristo y recibimos el Espíritu Santo, este viene a nuestro corazón, nos fortalece para comprender la Palabra de Dios, nos ayuda a vivir de acuerdo a la palabra de verdad y nos guía para que lleguemos a ser personas espirituales. Cuando el Espíritu Santo llega a nuestro corazón, permite que nuestro espíritu muerto viva otra vez, por lo que decimos que 'nacimos de nuevo' en el Espíritu y llegamos a ser santificados por medio de la circuncisión del corazón.

En Juan 4:24, nuestro Señor dijo: *"Dios es Espíritu; y los que le adoran, en espíritu y en verdad es necesario que adoren".* El espíritu corresponde al mundo de la cuarta dimensión y por eso Dios, quien es espíritu, no solo mira el corazón de cada individuo sino que conoce todo respecto a nosotros.

En Juan 6:63, Jesús explica que el Espíritu Santo nos da vida y que la Palabra de Dios es espíritu, al decir: *"El espíritu es el que da vida; la carne para nada aprovecha; las palabras que yo os he hablado son espíritu y son vida".*

En Juan 14:16-17 leemos: *"Y yo rogaré al Padre, y os dará otro Consolador, para que esté con vosotros para siempre: el Espíritu de verdad, al cual el mundo no puede recibir, porque no le ve, ni le conoce; pero vosotros le conocéis, porque mora con vosotros, y estará en vosotros".* Si recibimos el Espíritu Santo y llegamos a ser hijos de Dios, el Espíritu Santo nos guiará a la verdad.

Él habita en nosotros al aceptar al Señor y da origen al espíritu en nosotros, nos conduce a la verdad y nos ayuda a comprender todo lo injusto para arrepentirnos y alejarnos de ello. Si caminamos en contra de la verdad, el Espíritu Santo gime, nos hace sentir atribulados, nos alienta para comprender el pecado y alcanzar la santificación.

Además el Espíritu Santo es llamado 'Espíritu de Dios' (1 Corintios 12:3) y 'Espíritu del Señor' (Hechos 5:9; 8:39). El Espíritu de Dios es la verdad eterna y el dador de vida que nos conduce a la vida eterna.

Por otro lado, el espíritu que no pertenece a Dios sino que está en contra del Espíritu de Dios no confiesa que Jesús vino a este mundo en carne y es llamado 'espíritu del mundo' (1 Corintios 2:12), 'espíritu del anticristo' (1 Juan 4:3), 'espíritus engañadores' (1 Timoteo 4:1) y 'espíritu inmundo' (Apocalipsis 16:13). Todos estos espíritus provienen del diablo; no corresponden al Espíritu de verdad. Estos espíritus de falsedad no dan vida sino que conducen a la gente a la destrucción.

El Espíritu Santo se refiere al perfecto Espíritu de Dios y por eso, cuando aceptamos a Jesucristo y nos convertimos en hijos de Dios, recibimos el Espíritu Santo y este da vida al espíritu y a la rectitud en nosotros y nos fortalece para producir el fruto del Espíritu Santo, la rectitud y la Luz. Mientras reflejamos a Dios por medio de esta obra del Espíritu Santo, seremos guiados por Él, llamados hijos de Dios y lo llamaremos 'Abba, Padre' porque habremos recibido el espíritu de adopción en calidad de hijos (Romanos 8:12-15).

Por consiguiente, en la medida en que seamos guiados por el Espíritu Santo, produciremos los nueve frutos del Espíritu Santo que son amor, gozo, paz, paciencia, bondad, benignidad, fe, mansedumbre y templanza (Gálatas 5:22-23). También produciremos el fruto de la rectitud y los frutos de la Luz que consisten en toda bondad, justicia y verdad, con los cuales podemos alcanzar la salvación completa (Efesios 5:9).

Los pensamientos carnales conducen a la muerte, pero los pensamientos espirituales llevan a vida y paz

Si usted va tras la carne, llegará a poner su mente en las cosas de la carne, vivirá de acuerdo a ella y cometerá pecados. Luego, según la Palabra de Dios que dice que 'la paga del pecado es la muerte', no podrá evitar ser llevado a la muerte. Es por eso que el Señor nos pregunta: *"Hermanos míos, ¿de qué aprovechará si alguno dice que tiene fe, y no tiene obras? ¿Podrá la fe salvarle? Así también la fe, si no tiene obras, es muerta en sí misma"* (Santiago 2:14, 17).

Si usted centra su mente en la carne, no será conducido a pecar y a sufrir tribulaciones en la tierra solamente sino que tampoco podrá heredar el reino de los cielos. Por eso debe mantener esto en mente y hacer morir las obras del cuerpo para que pueda obtener la vida eterna (Romanos 8:13).

Por el contrario, si usted va en pos del Espíritu, podrá poner su mente en el Espíritu y se esforzará por vivir según la verdad. Entonces el Espíritu Santo lo ayudará a batallar contra el enemigo diablo y Satanás, a abstenerse de la falsedad y a caminar en la verdad, y entonces llegará a ser santificado.

Supongamos que alguien le golpea en su mejilla sin razón alguna. Quizás se sienta muy enojado, pero puede alejar los pensamientos carnales y seguir los espirituales al recordar la crucifixión de Jesús porque la Palabra de Dios nos dice que demos la otra mejilla cuando alguien nos golpea y que nos regocijemos siempre ante cualquier circunstancia; por esto podemos perdonar, soportar con paciencia y servir a los demás. En consecuencia, usted no tiene que estar atribulado y de este modo obtiene paz en el corazón. Hasta antes de santificarse, usted quizás quiera reprochar y reprender a la persona porque la maldad aún permanece en su ser, pero una vez que se abstenga de toda forma de maldad sentirá amor hacia aquel individuo a pesar de que note sus faltas.

Así, si pone su mente en el espíritu, buscará las cosas

espirituales y caminará en la palabra de verdad. Posteriormente, el resultado será que obtendrá la salvación y la vida verdadera y su vida se llenará de paz y bendiciones.

Los pensamientos carnales son enemistad con Dios

Los pensamientos carnales impiden que usted ore a Dios, mientras que los espirituales le animan a hacerlo. Los pensamientos carnales provocan enemistad y contiendas, mientras que los espirituales conducen al amor y a la paz. Asimismo, los pensamientos carnales están en contra de la verdad y constituyen en sí la voluntad y pensamientos del enemigo diablo. Es por eso que, si se continúa yendo tras los pensamientos carnales, se construirá una barrera en contra de Dios, la cual será impedimento en el camino de la voluntad de Dios para usted.

Los pensamientos carnales no provocan paz sino preocupaciones, ansiedad y problemas solamente. En pocas palabras, los pensamientos carnales carecen de sentido en su totalidad y no benefician en absoluto. Nuestro Padre Dios es Todopoderoso y Omnisciente; en calidad de Creador, gobierna todo sobre los Cielos y la Tierra y las cosas en ellos, así como también nuestros cuerpos y alma. ¿Qué no podría dar a Sus hijos amados? Si su padre es el presidente de un grande grupo industrial, usted jamás tendría que preocuparse por el dinero; si su padre es un gran médico, usted tendría garantizada la buena salud.

Como dijo Jesús en Marcos 9:23: *"Si puedes creer, al que cree todo le es posible";* los pensamientos espirituales producen fe y paz, mientras que los pensamientos carnales evitan que se alcance la voluntad y las obras de Dios al producir preocupaciones, ansiedad y tribulación. Es por eso que Romanos 8:7 advierte en cuanto a los pensamientos carnales: *"Por cuanto los designios de la carne son enemistad contra Dios; porque no se sujetan a la ley de Dios, ni tampoco pueden".*

Nosotros somos los hijos de Dios que los servimos y lo llamamos 'Padre'. Sin embargo, si usted no tiene gozo sino que se siente atribulado, desanimado y preocupado, se pone en evidencia que usted sigue los pensamientos carnales provocados por el enemigo diablo y Satanás en lugar de ir tras los pensamientos espirituales que provienen de Dios. Entonces, de modo inmediato, debe arrepentirse y alejarse de ellos y buscar los pensamientos espirituales ya que, solo al tener mentes espirituales, podremos someternos a Dios y obedecerle.

Los que están en la carne no pueden agradar a Dios

Se sabe que quienes ponen su mente en la carne están en contra de Dios y no se someten a la ley de Dios porque no pueden hacerlo. Estos desobedecen a Dios y no pueden agradarle, por lo que al final sufren aflicciones y pruebas.

Ya que Abraham, el padre de la fe, siempre buscó los pensamientos espirituales, él pudo obedecer incluso el mandato de Dios que requería que su hijo único Isaac fuera ofrecido en holocausto. Por el contrario, el rey Saúl quien buscó los pensamientos carnales, al final fue abandonado. Jonás fue sacudido por una fuerte tormenta y tragado por un gran pez. Los israelitas tuvieron que sufrir 40 años de vida muy dura en el desierto después del Éxodo.

Cuando se busca los pensamientos espirituales y se muestra obras de fe, se puede recibir los anhelos del corazón, tal como se promete en Salmos 37:4-6 que dice: *"Deléitate asimismo en Jehová, y él te concederá las peticiones de tu corazón. Encomienda a Jehová tu camino, y confía en él; y él hará. Exhibirá tu justicia como la luz, y tu derecho como el mediodía".*

Cualquier persona que verdaderamente cree en Dios tiene que alejar toda desobediencia causada por las obras del enemigo diablo y debe guardar los mandamientos de Dios y hacer todo lo que es de agrado para Él. Entonces se convertirá en hombre del espíritu que podrá recibir cualquier cosa que pida.

¿Cómo podemos ir en pos de las obras del Espíritu?

Jesús, el Hijo de Dios, vino a este mundo y se convirtió en un grano de trigo para los pecadores, por quienes también murió. Él pavimentó el camino a la salvación para todo aquel que lo acepta para llegar a ser hijo de Dios y que ha producido fruto abundante. Él solamente buscó los pensamientos espirituales y obedeció la voluntad de Dios; trajo a los muertos de vuelta a la vida, sanó a los enfermos de todo tipo de dolencias y difundió el reino de Dios.

¿Qué se debe hacer para poder imitar a Jesús y agradar a Dios?

En primer lugar se debe vivir con la ayuda del Espíritu Santo por medio de la oración.

Si usted no ora, se verá inmerso bajo las obras de Satanás y vivirá de acuerdo a los pensamientos carnales. No obstante, si ora sin cesar, podrá recibir las obras del Espíritu Santo en su vida, concebirá lo que es correcto, estará en posición contraria al pecado, estará libre de juicio, irá en pos de los deseos del Espíritu Santo y será hecho justo ante los ojos de Dios. Incluso Jesús, el Hijo de Dios, realizó las obras de Dios por medio de la oración. Ya que es la voluntad de Dios que se ore sin cesar, al hacerlo así se puede seguir únicamente los pensamientos espirituales y se logra agradar a Dios.

En segundo lugar se debe cumplir con las obras espirituales aunque no se lo desee. La fe sin obras es simplemente una fe como conocimiento; es una fe muerta. Cuando se conoce lo que se debe hacer, pero no se lo hace, estamos pecando. Por tanto, si se desea cumplir con la voluntad de Dios y ser de agrado para Él, se debe mostrar obras de fe.

En tercer lugar hay que arrepentirse y recibir poder de lo Alto a fin de poseer la fe que está acompañada por acciones. Ya que los pensamientos carnales son enemistad contra Dios, al igual que el acto de no agradarle a Él y de construir muros de pecado entre Dios y uno, es necesario arrepentirse y alejarse de todo esto. El arrepentimiento siempre es necesario para poder llevar una buena vida cristiana, pero para despojarse de los pensamientos carnales hay que arrepentirse de ellos y rendir el corazón.

Si usted comete pecados que sabe que no debería cometer, su corazón se siente incómodo. Al arrepentirse de los pecados con oración sincera, las preocupaciones y la ansiedad se alejarán de usted; se sentirá renovado, reconciliado con Dios, con paz restaurada y podrá recibir los deseos de su corazón. Si continúa orando para poder despojarse de cada forma de maldad, se arrepentirá de los pecados al desgarrar su corazón. Las características pecaminosas serán consumidas por el fuego del Espíritu Santo y los muro de pecado serán destruidos. Entonces podrá vivir según las obras del Espíritu y también logrará agradar a Dios.

Si se siente agobiado de corazón después de haber recibido el Espíritu Santo por medio de la fe en Jesucristo, se debe a que ha descubierto que su ser está en contra de Dios por causa de sus pensamientos carnales. Así que debe destruir los muros de pecado mediante las oraciones fervientes y luego ir en pos de los deseos del Espíritu Santo y hacer las obras del Espíritu de acuerdo a los pensamientos espirituales. En consecuencia, la paz y el gozo llenarán su corazón, recibirá respuestas a sus oraciones y se cumplirán los anhelos de su corazón.

Como dijo Jesús en Marcos 9:23: *"Si puedes creer, al que cree todo le es posible".* Ruego en el nombre de nuestro Señor Jesucristo, que usted se despoje de los pensamientos carnales que están en contra de Dios y que camine con fe de acuerdo a las obras del Espíritu Santo, para que pueda agradar a Dios, hacer Sus obras ilimitadas y magnificar Su reino.

Capítulo 3

Destruya todo tipo
de pensamientos y teorías

2 Corintios 10:3-6

"Pues aunque andamos en la carne, no militamos según la carne; porque las armas de nuestra milicia no son carnales, sino poderosas en Dios para la destrucción de fortalezas, derribando argumentos y toda altivez que se levanta contra el conocimiento de Dios, y llevando cautivo todo pensamiento a la obediencia a Cristo, y estando prontos para castigar toda desobediencia, cuando vuestra obediencia sea perfecta".

Como ya he indicado antes, la fe se clasifica en dos categorías: fe espiritual y fe carnal. A la fe carnal se la conoce también como 'fe como conocimiento'. Al escuchar la Palabra de Dios se llega a tener fe como conocimiento; esta es la fe carnal. Pero en la medida en que uno entienda y ponga en práctica la Palabra, se llegará a poseer fe espiritual.

Si usted entiende los significados espirituales de la Palabra de verdad de Dios y establece las bases de su fe en la práctica de la Palabra, Dios se regocijará y le otorgará fe espiritual. Por ende, con esta fe espiritual otorgada de lo Alto, se recibirá respuestas a sus oraciones y soluciones a sus problemas y también se tendrá una experiencia con el Dios vivo.

Por medio de esta experiencia se despojará de toda duda, los pensamientos y teorías humanas serán destruidas y se levantará sobre la roca de la fe de la cual jamás será sacudido ante cualquier tipo de prueba y aflicción. Cuando se llega a ser una persona de la verdad con un corazón semejante al de Cristo, significa que los cimientos de la fe se han establecido de modo permanente. Con estas bases de fe se puede recibir cualquier cosa que se pida con fe.

Si se llega a poseer fe espiritual perfecta se tendrá la fe con la que se puede recibir cualquier cosa que se ha pedido, tal como lo dice nuestro Señor Jesús en Mateo 8:13: *"...como creíste, te sea hecho"*. Además se podrá vivir una vida que glorifique a Dios en todo lo que se hace y se habitará en el amor y la fortaleza de Dios, convirtiéndonos así en motivo de gran deleite para Él.

Examinemos ahora algunas cosas concernientes a la fe espiritual. ¿Cuáles son los obstáculos para obtener fe espiritual? ¿Cómo se puede poseer fe espiritual? ¿Qué tipo de bendiciones recibieron los padres de la fe espiritual descritos en la Biblia? Finalmente analizaremos por qué fueron abandonados aquellos que pusieron su mente en los pensamientos carnales.

Obstáculos para obtener fe espiritual

Con la fe espiritual se logra la comunicación con Dios; se puede escuchar con claridad la voz del Espíritu Santo, se logra recibir respuestas a las oraciones y peticiones, se puede glorificar a Dios ya sea que se coma o se beba o en todo lo que se hace y se vivirá con el favor, el reconocimiento y la garantía de Dios en la vida.

¿Por qué entonces fracasa la gente en poseer fe espiritual? Analicemos qué tipo de factores impiden que alcancemos la fe espiritual.

1) Pensamientos carnales

Romanos 8:6-7 dice: *"Porque el ocuparse de la carne es muerte, pero el ocuparse del Espíritu es vida y paz. Por cuanto los designios de la carne son enemistad contra Dios; porque no se sujetan a la ley de Dios, ni tampoco pueden".*

A la mente la podemos clasificar en dos partes: una que es carnal en su naturaleza y otra que es espiritual. La mente carnal se refiere a todos los tipos de pensamientos almacenados en la carne y consiste de todo tipo de falsedades. Los pensamientos carnales pertenecen al pecado porque no están en acuerdo con la voluntad de Dios. Estos dan origen a la muerte, tal como está escrito en Romanos 6:23, que dice: *"La paga del pecado es la muerte".* Por el contrario, la mente espiritual se refiere a los pensamientos de la verdad y está en acuerdo con la voluntad de Dios, con Su justicia y bondad. Los pensamientos espirituales dan origen a la vida y proporcionan paz.

Por ejemplo: supongamos que se enfrentan dificultades o pruebas que no se pueden superar con la fuerza y habilidad humana. Los pensamientos carnales causan preocupación y ansiedad, mientras que los pensamientos espirituales llevan a abstenerse de la preocupación y a agradecer y regocijarse por medio de la palabra de Dios, diciendo: *"Estad siempre gozosos. Orad sin cesar. Dad gracias en todo, porque esta es la voluntad de Dios para con vosotros en Cristo Jesús"* (1 Tesalonicenses 5:16-18).

Así, los pensamientos espirituales son exactamente lo contrario a los carnales, con los cuales no es posible someterse a la ley de Dios. Es por esto que los pensamientos carnales son enemistad contra Dios e impiden que poseamos fe espiritual.

2) Obras de la carne

Las obras de la carne involucran todo pecado y maldad que se revela con acciones, tal como se define en Gálatas 5:19-21, que dice: *"Y manifiestas son las obras de la carne, que son: adulterio, fornicación, inmundicia, lascivia, idolatría, hechicerías, enemistades, pleitos, celos, iras, contiendas, disensiones, herejías, envidias, homicidios, borracheras, orgías, y cosas semejantes a estas; acerca de las cuales os amonesto, como ya os lo he dicho antes, que los que practican tales cosas no heredarán el reino de Dios".*

Si usted no se despoja de las obras de la carne, tampoco podrá poseer fe espiritual y por ende no podrá heredar el reino de Dios. Es por esto que las obras de la carne impiden que usted posea fe espiritual.

3) Todo tipo de teoría

El Diccionario *Webster's Revised Unabridged* define el término 'teoría' como 'una doctrina, o esquema de las cosas, que termina en la especulación o la contemplación, sin una visión a la práctica; hipótesis, especulación'; o, 'una exposición de los principios generales o abstractos de cualquier ciencia'. Esta idea de lo que es la teoría es una pieza de conocimiento que apoya la creación de algo a partir de algo, pero no es útil para poseer fe espiritual sino que, más bien impide que poseamos fe espiritual.

Pensemos en las teorías del creacionismo y el evolucionismo

darwinista. La mayoría de personas aprenden en la escuela que la humanidad ha evolucionado del mono. En oposición directa, la Biblia nos dice que Dios creó al hombre. Si usted cree en el Dios Todopoderoso, debe escoger y creer que la creación la realizó Dios, incluso después de aprender en la escuela la teoría de la evolución.

Solo al dejar de creer en la teoría de la evolución aprendida en la escuela para creer en la creación de Dios se podrá poseer fe espiritual. De lo contrario, todas las teorías impiden que uno posea fe espiritual porque es imposible creer que algo ha sido creado de la nada cuando se cree en la teoría de la evolución. Por ejemplo: aun con el desarrollo de la ciencia, la gente no puede crear la semilla de la vida: el espermatozoide y el óvulo. Entonces, ¿cómo es posible creer que algo es creado de la nada a menos que se lo crea dentro de los aspectos de la fe espiritual?

Por consiguiente, debemos refutar estos argumentos y teorías y toda cosa soberbia y altiva que se levanta en contra del conocimiento de Dios y hacer todo pensamiento cautivo y sujeto a la obediencia a Cristo.

Saúl se somete a los pensamientos carnales y desobedece

Saúl fue el primer rey del reino de Israel, pero no vivió de acuerdo a la voluntad de Dios. Él ascendió al trono a petición del pueblo. Dios le ordenó que atacara Amalec y que destruyera por completo todo lo que tenía, dando muerte a hombres y mujeres, a niños e infantes, a bueyes y ovejas, camellos y asnos, sin dejar nada en absoluto. El rey Saúl derrotó a los amalecitas y obtuvo el gran triunfo, pero no obedeció el mandato de Dios, sino que dejó con vida a lo mejor de las ovejas y bueyes.

Saúl actuó en base a sus pensamientos carnales y dejó vivir a Agag y a lo mejor de las ovejas, los bueyes, los animales engordados, los corderos y todo aquello que era bueno, con el deseo de sacrificarlo a Dios. Él no estuvo dispuesto a sacrificarlo todo por completo. Este acto fue de desobediencia y arrogancia ante los ojos de Dios quien lo reprendió por su mal proceder por medio del profeta Samuel, para que pudiera arrepentirse y cambiar. Pero el rey Saúl presentó excusas e insistió en su rectitud (1 Samuel 15:2-21).

En la actualidad hay muchos creyentes que actúan como Saúl. No se dan cuenta de su desobediencia obvia ni reconocen sus errores cuando son reprendidos. Más bien presentan excusas e insisten en sus propias maneras según sus pensamientos carnales. Pero al final es evidente que son personas desobedientes y sujetas a la carne, al igual que Saúl. Ya que, de un grupo de cien personas, cada una de ellas tiene opiniones diferentes, si actúan según sus propios pensamientos, no podrán tener unidad. Si actúan de acuerdo a sus propios pensamientos, llegarán a desobedecer, pero si actúan según la verdad de Dios, podrán obedecer y ser unidos.

Dios envió al profeta Samuel para que hablara con Saúl; él no había obedecido Su Palabra, así que el profeta le dijo: *"Porque como pecado de adivinación es la rebelión, y como ídolos e idolatría la obstinación. Por cuanto tú desechaste la palabra de Jehová, él también te ha desechado para que no seas rey"* (1 Samuel 15:23).

Asimismo, si alguien confía en los pensamientos humanos y no sigue la voluntad de Dios, cae en desobediencia a Dios. Si no reconoce su desobediencia ni se aleja de ella, no tendrá otra opción que ser abandonado por Él, al igual que Saúl.

En 1 Samuel 15:22, Samuel reprende a Saúl diciendo: *"¿Se complace Jehová tanto en los holocaustos y víctimas, como en que se obedezca a las palabras de Jehová? Ciertamente el obedecer es mejor que los sacrificios, y el prestar atención que la grosura de los carneros"*. No importa cuán correctos parezcan estar sus pensamientos, si van en contra de la Palabra de Dios, usted debe arrepentirse y alejarse de ellos de modo inmediato. Además debe hacer que sus pensamientos sean obedientes a la voluntad de Dios.

Padres de la fe que obedecieron la Palabra de Dios

David fue el segundo rey de Israel. Desde su niñez, él no fue tras sus propios pensamientos sino que caminó únicamente con su fe en Dios. No tuvo temor de osos ni leones mientras pastoreaba las ovejas, más bien a veces luchaba contra ellos y los derrotaba con fe a fin de proteger a su rebaño. Más tarde, únicamente con fe venció a Goliat, el campeón de los filisteos.

Hubo en cierta ocasión un incidente en el que David desobedeció a Dios tras haberse sentado en el trono. Cuando el profeta lo reprendió por ello, no presentó ningún pretexto sino que se arrepintió inmediatamente y cambió, y al final llegó a santificarse aún más. De este modo vemos una gran diferencia entre Saúl, un hombre de pensamientos carnales, y David, un hombre del espíritu (1 Samuel 12:13).

Moisés destruyó todo tipo de pensamientos y teorías mientras pastoreaba sus rebaños en el desierto por 40 años y llegó a ser humilde ante Dios hasta cuando fue llamado por Él para guiar a los israelitas fuera de la esclavitud de Egipto.

Por otro lado, Abraham llamó "hermana" a su esposa cuando utilizó sus pensamientos humanos. Pero después de convertirse en un hombre del espíritu gracias a las pruebas, pudo obedecer incluso el mandato de Dios de ofrecer a su hijo Isaac en holocausto. Si él hubiera confiado en sus pensamientos carnales incluso un poco, no habría logrado obedecer el mandato de Dios en absoluto. Isaac era su único hijo a quien había tenido ya en edad avanzada y además él debía ser la semilla de la promesa de Dios. Por tanto, con los pensamientos humanos, quizás hubiera sido inadecuado e imposible cortar en pedazos al niño, a manera de animal, y ofrecerlo en holocausto. Abraham jamás se quejó sino que, por el contrario, creyó que Dios podría levantarlo de la muerte y por ende, obedeció (Hebreos 11:19).

Naamán, general del ejército del rey de Arám, era muy respetado y favorecido por el rey. Pero se vio atacado por la lepra, por lo que acudió al profeta Eliseo para recibir la sanidad a su mal. A pesar de haber llevado muchos obsequios a fin de experimentar las obras de Dios, Eliseo no le permitió entrar sino que envió su mensajero para que le dijera: *"Ve y lávate siete veces en el Jordán, y tu carne se te restaurará, y serás limpio"* (2 Reyes 5:10). Con los pensamientos carnales, Naamán consideró este acto como algo grosero y ofensivo y se enfureció.

Pero luego de derribar sus pensamientos carnales y obedecer la orden gracias al consejo de sus siervos, se sumergió en el río Jordán siete veces y su carne se restauró y fue limpio.

El agua simboliza la Palabra de Dios y el número 'siete' (7) representa la perfección; sumergirse en el río Jordán siete veces significa "llegar a ser plenamente santificado gracias a la Palabra de Dios". Cuando se llega a ser santificado, se puede recibir la solución a cualquier tipo de problema. Así, cuando Naamán obedeció la Palabra de Dios decretada por el profeta Eliseo, tomaron lugar las asombrosas obras de Dios (2 Reyes 5:1-14).

Una vez que se disipa los pensamientos y teorías humanas, se logra obedecer

Jacob era astuto y tenía todo tipo de pensamientos; él trataba de alcanzar su voluntad con sus diversas maquinaciones. En consecuencia sufrió muchas dificultades por 20 años y al final cayó en una difícil situación en el río Jaboc. No podía regresar a casa de su tío debido a la alianza hecha con él, ni seguir adelante, porque su hermano mayor, Esaú, estaba esperando en el lado opuesto del río para matarlo. En medio de esta situación desesperante, su soberbia y todos sus pensamientos carnales fueron destruidos por completo. Dios conmovió el corazón de Esaú e hizo que se reconciliara con su hermano. De este modo Él abrió el camino a la vida para que Jacob pudiera cumplir la Providencia de Dios (Génesis 33:1-4).

En Romanos 8:5-7, Dios dice: *"Porque los que son de la carne piensan en las cosas de la carne; pero los que son del Espíritu, en las cosas del Espíritu. Porque el ocuparse de la carne es muerte, pero el ocuparse del Espíritu es vida y paz. Por cuanto los designios de la carne son enemistad contra Dios; porque no se sujetan a la ley de Dios, ni tampoco pueden"*. Esta es la razón por la que debemos destruir toda opinión, teoría y pensamiento levantado en contra del conocimiento de Dios. Debemos hacer todo pensamiento cautivo a la obediencia de Cristo para que podamos recibir fe espiritual y mostrar obras de obediencia.

En Mateo 5:39-42, Jesús dio un nuevo mandamiento: *"Pero yo os digo: No resistáis al que es malo; antes, a cualquiera que te hiera en la mejilla derecha, vuélvele también la otra; y al que quiera ponerte a pleito y quitarte la túnica, déjale también la capa; y a cualquiera que te obligue a llevar carga por una milla, ve con él dos. Al que te pida, dale; y al que quiera tomar de ti prestado, no se lo rehúses"*. Con los pensamientos carnales no se puede obedecer este mandamiento porque están en contra de la palabra de verdad. Pero si se destruye los pensamientos humanos y carnales, se podrá obedecer con gozo y Dios hará que todo obre para bien por medio de su obediencia.

No importa cuántas veces profese usted su fe con sus labios ya que no podrá obedecer ni experimentar las obras de Dios ni ser guiado a la prosperidad y al éxito a menos que someta sus propios pensamientos y teorías a la nada.

Le animo a guardar en su mente la Palabra de Dios escrita en Isaías 55:8-9 que dice: *"Porque mis pensamientos no son vuestros pensamientos, ni vuestros caminos mis caminos, dijo Jehová. Como son más altos los cielos que la tierra, así son mis caminos más altos que vuestros caminos, y mis pensamientos más que vuestros pensamientos"*.

Usted debe evitar tener todos los pensamientos carnales y las teorías humanas y más bien poseer fe espiritual como aquel centurión que fue elogiado por Jesús por haber confiado plenamente en Dios. Cuando el centurión se acercó a Jesús y le pidió que sanara a su criado cuyo cuerpo había quedado paralizado a causa de un accidente cerebrovascular, él confesó con fe que el criado sería sanado tan solo con la palabra hablada por parte de Jesús. Él recibió la respuesta tal como lo había creído. De la misma manera, si usted posee esta fe espiritual, podrá recibir respuestas a todas sus oraciones y peticiones y dar toda la gloria a Dios.

La Palabra de verdad de Dios convierte el espíritu del hombre y lo capacita para poseer la fe acompañada con acciones. Usted podrá alcanzar las respuestas de parte de Dios con esta fe viva y espiritual. Anhelo que usted derribe todo pensamiento carnal y teoría humana y que posea la fe espiritual para que pueda recibir cualquier cosa que ha pedido con fe, a fin de que glorifique a Dios.

Capítulo 4

Sembrar las semillas de la fe

Gálatas 6:6-10

"El que es enseñado en la palabra, haga partícipe de toda cosa buena al que lo instruye. No os engañéis; Dios no puede ser burlado: pues todo lo que el hombre sembrare, eso también segará. Porque el que siembra para su carne, de la carne segará corrupción; mas el que siembra para el Espíritu, del Espíritu segará vida eterna. No nos cansemos, pues, de hacer bien; porque a su tiempo segaremos, si no desmayamos. Así que, según tengamos oportunidad, hagamos bien a todos, y mayormente a los de la familia de la fe".

La promesa de Jesús en Marcos 9:23 dice: *"Si puedes creer, al que cree todo le es posible"*. *Por ende, cuando un centurión se le acercó mostrando este tipo de gran fe, Jesús le dijo: "...como creíste, te sea hecho"* (Mateo 8:13); el criado fue sanado de modo inmediato.

Esta es la fe espiritual que nos permite creer en lo que no podemos ver y es también la fe acompañada por obras que nos permite demostrar nuestra fe por medio de obras. Es la fe con la que se puede creer que algo puede surgir de la nada, por eso, en Hebreos 11:1-3, a la fe se la define así: *"Es, pues, la fe la certeza de lo que se espera, la convicción de lo que no se ve. Porque por ella alcanzaron buen testimonio los antiguos. Por la fe entendemos haber sido constituido el universo por la palabra de Dios, de modo que lo que se ve fue hecho de lo que no se veía"*.

Si usted posee fe espiritual, Dios se deleitará en ella y permitirá que reciba todo aquello que pida. ¿Qué se debe hacer para poseer fe espiritual?

Al igual que un agricultor que siembra semillas y cosecha sus frutos en el otoño, debemos sembrar semillas de fe para poseer el fruto de la fe espiritual.

Observemos ahora cómo sembrar la semilla de la fe por medio de parábolas que ilustran la siembra y la cosecha de frutos del campo. Jesús habló a las multitudes por medio de parábolas y las usaba siempre que se dirigía a ellas (Mateo 13:34). Esto es así porque Dios es espíritu, mientras que nosotros, quienes vivimos en este mundo físico como seremos humanos, no podemos entender el reino espiritual de Dios. Únicamente al aprender acerca del reino espiritual mediante parábolas sobre el mundo físico, lograremos comprender la verdadera voluntad de Dios. Es por eso que, a través de parábolas respecto al campo de la agricultura, voy a explicarle cómo sembrar las semillas de fe y cómo poseer fe espiritual.

Cómo sembrar las semillas de la fe

1) Se debe limpiar el terreno

En primer lugar el agricultor necesita un terreno para sembrar las semillas. Para poder hacer que su terreno sea adecuado, el agricultor tiene que aplicar los fertilizantes apropiados además de remover la tierra, limpiar las rocas y romper en pedazos la tierra agrupada, todo esto en un proceso de cultivo que incluye el arado, el rastreo y la labranza de la tierra. Solo así las semillas sembradas en la tierra crecerán bien y se producirá una cosecha de muchos buenos frutos.

En la Biblia Jesús introdujo los cuatro tipos de terreno; este terreno representa al corazón del hombre. La primera categoría es el terreno que está junto al camino, en el que las semillas no pueden germinar porque es muy duro. El segundo son los pedregales en los que las semillas sembradas apenas logran brotar y los pequeños brotes escasamente crecen por causa de las piedras en el terreno. El tercero son los espinos en los que brotan las semillas pero no logran crecer ni dar buenos frutos porque los espinos las ahogan. El cuarto es el buen terreno en el que las semillas germinan, crecen bien, producen flores y llevan muchos buenos frutos.

De la misma manera, el terreno del corazón del hombre se clasifica en cuatro tipos: el primero es aquel junto al camino, el cual no logra comprender la Palabra de Dios. El segundo es el corazón con pedregales, en el que se recibe la Palabra pero ésta decae cuando se levantan pruebas y persecuciones. El tercero es el terreno de los espinos, en el que las preocupaciones de este mundo y el engaño de las riquezas ahogan la Palabra de Dios y previenen que aquellos que la escuchan produzcan frutos. El último y cuarto tipo es el buen corazón; entiende la Palabra de Dios y produce buenos frutos. Sin embargo, sin importar el tipo de terreno del corazón que se tenga, si se lo cultiva y limpia al igual que el agricultor que se esfuerza y afana en su campo, su terreno podrá llegar a ser bueno. Si es duro usted debe removerlo y hacerlo suave, si es rocoso debe sacarle todas las rocas, si tiene espinos debe sacarlos y luego debe hacer de su tierra algo bueno con la utilización de 'fertilizantes'.

Si el agricultor es perezoso no podrá limpiar el terreno y

hacerlo bueno, mientras que un agricultor diligente se esfuerza por arreglar y limpiar la tierra para hacerla buena y luego, una vez que lo alcanza, la buena tierra produce los mejores frutos.

Si usted tiene fe se esforzará al máximo por cambiar su corazón y hacerlo bueno mediante su esfuerzo y afán. Luego, para poder comprender la Palabra de Dios, transformar el corazón en uno bueno y producir muchos frutos, es necesario luchar contra el pecado y alejarse de él al punto mismo de derramar sangre. De modo que, al alejar diligentemente los pecados y la maldad de nuestro ser de acuerdo a la Palabra de Dios, tal como Él nos manda que nos despojemos de toda forma de maldad, se podrá eliminar cada piedra del corazón, así como la maleza, y se lo podrá transformar en uno bueno.

El agricultor trabaja y se esfuerza con diligencia porque cree que cosechará fruto abundante si ara, hace el rastreo y labra la tierra para que se convierta en un buen terreno. Del mismo modo, anhelo que usted crea que si cultiva y cambia la tierra de su corazón para que sea buena, permanecerá en el amor de Dios, será guiado al éxito y la prosperidad e ingresará a un mejor lugar en el Cielo. Deseo que se esfuerce en contra del pecado y que se despoje de él al punto de derramar su sangre. Entonces en su corazón estará sembrada la semilla de la fe espiritual y podrá dar todos los frutos que le sean posibles.

2) Las semillas son necesarias

Después de limpiar la tierra se debe sembrar las semillas y ayudarlas a que broten. El agricultor siembra varios tipos de semillas y cosecha diversos frutos abundantes tales como coles, lechugas, calabazas, judías verdes, frejoles rojos, etc.

Del mismo modo, debemos sembrar varios tipos de semillas en el terreno del corazón. La Palabra de Dios nos dice que nos regocijemos siempre, que oremos sin cesar, que demos gracias en todo, que demos nuestros diezmos completos, que guardemos el Día del Señor como un día santo y que amemos. Cuando se planta estas palabras de Dios en el corazón, ellas brotan, echan capullos y crecen produciendo fruto espiritual. Entonces se podrá vivir según la Palabra de Dios y teniendo fe espiritual.

3) El agua y la luz del sol son necesarias

Para que un agricultor pueda cosechar mucho, no es suficiente que limpie el terreno y prepare las semillas sino que también se necesita agua y luz del sol. Solo entonces las semillas germinarán y crecerán bien.

¿Qué simboliza el agua?
En Juan 4:14, Jesús dice: *"...mas el que bebiere del agua que yo le daré, no tendrá sed jamás; sino que el agua que yo le daré será en él una fuente de agua que salte para vida*

eterna". En lo espiritual el agua se refiere al 'agua que salta para vida eterna'; el agua eterna se refiere a la Palabra de Dios tal como está escrito en Juan 6:63 donde leemos: *"...las palabras que yo os he hablado son espíritu y son vida".* Es por esto que, en Juan 6:53-55, Jesús dice: *"Jesús les dijo: De cierto, de cierto os digo: Si no coméis la carne del Hijo del Hombre, y bebéis su sangre, no tenéis vida en vosotros. El que come mi carne y bebe mi sangre, tiene vida eterna; y yo le resucitaré en el día postrero. Porque mi carne es verdadera comida, y mi sangre es verdadera bebida".* En consecuencia, solo cuando se lee, escucha y medita en la Palabra de Dios con diligencia y al orar con sinceridad se podrá ir por el camino a la vida eterna y poseer fe espiritual.

¿Qué simboliza la luz del sol?

La luz del sol ayuda a las semillas a germinar adecuadamente y a crecer bien. Asimismo, si la Palabra de Dios entra a nuestro corazón, entonces su luz alejará las tinieblas del corazón y lo purificará y hará de él un corazón con buena tierra. Por ende, la fe espiritual se poseerá en la medida en que la luz de la verdad lo llene.

Por medio de la parábola del agricultor hemos aprendido que debemos limpiar la tierra, preparar la buena semilla y proveer agua y luz del sol adecuadamente cuando se planta semillas de fe. A continuación observemos cómo plantar las semillas de fe y cómo hacerlas crecer.

Cómo sembrar y hacer crecer las semillas de la fe

1) Sembrar las semillas de fe de acuerdo a la manera de Dios

Cada agricultor siembra las semillas de manera distinta dependiendo del tipo de semilla que es. Algunas se siembran muy profundo en la tierra, mientras que otras quedan casi en la superficie. Del mismo modo, se debe variar las maneras de sembrar las semillas de fe con la Palabra de Dios. Por ejemplo, al sembrar oraciones, se debe clamar con un corazón sincero, de manera regular y siempre de rodillas, tal como lo expone la Palabra de Dios. Solo así podremos recibir las respuestas de parte de Dios (Lucas 22:39-46).

2) Se debe sembrar con fe

Al igual que el agricultor que es diligente y apasionado al sembrar las semillas ya que él cree y espera poder cosechar, se debe sembrar las semillas de fe, es decir la Palabra de Dios, con gozo y la esperanza de que Dios permitirá cosechar en abundancia. Así que, en 2 Corintios 9:6-7, Él nos alienta diciendo: *"Pero esto digo: El que siembra escasamente, también segará escasamente; y el que siembra generosamente, generosamente también segará. Cada uno dé como propuso en su corazón: no con tristeza, ni por necesidad, porque Dios ama al dador alegre"*.

La ley de este mundo, así como la ley del reino espiritual, dictan que debemos cosechar lo que hemos sembrado. Por lo tanto, el terreno del corazón será mejor en la medida en la que crezca la fe; mientras más siembra, más cosechará. Por consiguiente, debe sembrar con fe, gratitud y gozo cualquier tipo de semilla para que entonces pueda cosechar fruto abundante.

3) Se debe cuidar bien las semillas que han germinado

Una vez que el agricultor ha preparado la tierra y ha sembrado las semillas, él debe regar las plantas a tiempo, prevenir los daños causados por gusanos e insectos rociando insecticidas, continuar fertilizando el terreno y sacando la maleza. De otra manera, las plantas se marchitarán y no crecerán. Cuando la Palabra de Dios ha sido plantada, también se la debe cultivar para evitar que el enemigo diablo y Satanás se acerque. Uno debe cultivarla con oración ferviente, aferrándose al gozo y a la gratitud, asistiendo a los servicios de adoración, compartiendo en momentos de confraternidad cristiana, leyendo y escuchando la Palabra de Dios y sirviendo. Entonces la semilla sembrada podrá germinar, brotar y dar frutos.

Proceso de nacimiento de las flores y producción de los frutos

A menos que el agricultor se haga cargo de las semillas después de sembrarlas, los gusanos se las comen y crecen las malas hierbas e impiden que las semillas crezcan y den sus frutos. El agricultor no debe cansarse de su trabajo sino que, con mucha paciencia, debe cuidar las plantas hasta que coseche frutos buenos y abundantes. Cuando llega el momento adecuado, las semillas germinan, florecen y finalmente dan sus frutos gracias a las abejas y mariposas. Cuando los frutos maduran, el agricultor puede al fin cosecharlos con gozo. ¡Cuánta alegría siente cuando todo su trabajo y paciencia se convierten en frutos buenos y valiosos con una cosecha que es cien, sesenta o treinta veces más de lo que plantó!

1) Florece la flor espiritual

¿A qué se refiere eso de que 'las semillas de la fe crecen y surgen las flores espirituales'? Si las flores florecen, estas emanan su fragancia, la que a la vez atrae a las abejas y mariposas. Del mismo modo, cuando hemos sembrado las semillas de la Palabra de Dios en el terreno de nuestro corazón y las cuidamos, podemos hacer florecer las flores espirituales y emanar la fragancia de Cristo en la medida en que vivamos de acuerdo a Su Palabra. Además lograremos desempeñar el papel de luz y sal del mundo para que muchos puedan ver nuestras obras y glorificar a nuestro Padre celestial (Mateo 5:16).

Si se emana la fragancia de Cristo, el enemigo diablo se alejará y entonces se logrará glorificar a Dios en los hogares, negocios y lugares de trabajo. Ya sea que se coma o se beba o en cualquier cosa que se haga, se podrá glorificar a Dios. En consecuencia se producirá frutos de evangelismo, se cumplirá con el reino y la justicia de Dios y se llegará a ser personas del espíritu al limpiar el terreno del corazón y hacerlo bueno.

2) Los frutos nacen y maduran

Una vez que las flores florecen, los frutos empiezan a nacer. Cuando están maduros, el agricultor los cosecha. Si aplicamos esto a nuestra fe, ¿qué tipo de frutos podemos producir? Podemos producir varios tipos de frutos del Espíritu Santo, incluyendo Sus nueve frutos descritos en Gálatas 5:22-23, los frutos de las Bienaventuranzas enlistados en Mateo 5 y los frutos del amor espiritual expuestos en 1 Corintios 13.

Por medio de la lectura de la Biblia y al escuchar la Palabra de Dios podemos examinar si hemos producido brotes y frutos y cuán maduros están. Cuando los frutos están plenamente maduros, podemos cosecharlos en cualquier momento y disfrutar de ellos según sea necesario. Salmos 37:4 dice: *"Deléitate asimismo en Jehová, y él te concederá las peticiones de tu corazón"*. Esto es semejante a depositar billones de dólares en una cuenta bancaria y poder gastarlos de la manera que uno desee.

3) Se cosechará según lo que se ha sembrado

Cuando llega el momento adecuado, el agricultor recoge todo lo que ha sembrado, y repite esto cada año. La cantidad de su cosecha variará dependiendo de cuánto ha sembrado y con cuánto fervor y fidelidad ha cuidado las semillas.

Si usted ha sembrado en oración, su espíritu prosperará. Si ha sembrado en lealtad y servicio, disfrutará de buena salud en lo físico y espiritual. Si ha sembrado diligentemente en sus finanzas, disfrutará de bendiciones económicas y ayudará a los pobres con obras de caridad todas las veces que quiera. En Gálatas 6:7, Dios nos promete: *"No os engañéis; Dios no puede ser burlado: pues todo lo que el hombre sembrare, eso también segará"*.

Muchas partes de la Biblia confirman esta promesa de Dios al expresar que el hombre segará lo que ha sembrado. En el capítulo 17 de 1 Reyes está la historia de una viuda que vivía en Sarepta. Ya que no había llovido en el lugar y el arroyo se había secado, ella y su hijo estaban a punto de morir de hambre. Sin embargo, ella sembró un puñado de harina en un recipiente con un poco de aceite de una tinaja en la vida de Elías, un hombre de Dios. En ese entonces, cuando el alimento era más valioso que el oro, a ella no le habría sido posible hacer esto sin fe. Ella creyó y confió en la Palabra de Dios que había sido profetizada por medio de Elías, por eso sembró con fe. En respuesta a su fe Dios le dio bendiciones sorprendentes y ella, al igual que su hijo y Elías, pudieron comer hasta el momento mismo en que la larga sequía llegó a su fin (1 Reyes 17:8-16).

Marcos 12:41-44 nos presenta una viuda pobre que depositó en el arca de la ofrenda dos pequeñas monedas de cobre que sumaban un centavo. ¡Qué bendición tan grande la que ella recibió cuando Jesús elogió su acción!

Dios ha establecido la ley del reino espiritual que nos dice que podremos cosechar lo que hemos sembrado. No obstante, quiero recordarle que el hecho de desear una cosecha cuando no se ha sembrado, es un acto de burla ante Dios. Se debe creer que Dios permitirá cosechar cien, sesenta o treinta veces más de lo que se ha sembrado.

Por medio de la parábola del agricultor hemos analizado cómo plantar las semillas de fe y cómo cuidarlas a fin de poseer fe espiritual. Anhelo que ahora usted limpie el terreno de su corazón y lo haga bueno. Siembre las semillas de fe y cultívelas. Debe sembrar todas las que le sean posibles y cuidarlas con fe, esperanza y paciencia de modo que reciba bendiciones cien, sesenta y treinta veces más. Cuando llegue el momento oportuno cosechará los frutos y glorificará a Dios.

Anhelo que usted crea en cada palabra de la Biblia y que siembre las semillas de fe de acuerdo a las enseñanzas de la Palabra de Dios para que pueda producir frutos abundantes, glorificar a Dios y disfrutar de todo tipo de bendiciones.

Capítulo 5

"Si puedes creer,
al que cree todo le es posible"

Marcos 9:21-27

"Jesús preguntó al padre: ¿Cuánto tiempo hace que le sucede esto? Y él dijo: Desde niño. Y muchas veces le echa en el fuego y en el agua, para matarle; pero si puedes hacer algo, ten misericordia de nosotros, y ayúdanos. Jesús le dijo: Si puedes creer, al que cree todo le es posible. E inmediatamente el padre del muchacho clamó y dijo: Creo; ayuda mi incredulidad. Y cuando Jesús vio que la multitud se agolpaba, reprendió al espíritu inmundo, diciéndole: Espíritu mudo y sordo, yo te mando, sal de él, y no entres más en él. Entonces el espíritu, clamando y sacudiéndole con violencia, salió; y él quedó como muerto, de modo que muchos decían: Está muerto. Pero Jesús, tomándole de la mano, le enderezó; y se levantó".

Los hombres guardan las vivencias de la vida por medio de las impresiones que experimentan, incluyendo el gozo, la tristeza y el dolor. En muchas ocasiones, algunos sufren problemas serios que no se pueden resolver con lágrimas, paciencia o ayuda de los demás.

Estos son problemas tales como enfermedades que no se curan con la medicina moderna, problemas mentales causados por el estrés de la vida y que no se pueden descifrar con cualquier tipo de filosofía o psicología, problemas en el hogar y con los hijos que ni siquiera las mayores cantidades de dinero pueden solucionar, problemas en los negocios y finanzas que no se pueden arreglar con ningún medio o esfuerzo, y la lista continúa... ¿Quién puede solucionar todos estos problemas?

En Marcos 9:21-27 encontramos una conversación entre Jesús y el padre de un niño que estaba poseído por espíritus malignos. El niño sufría gravemente de ataques epilépticos y además era sordo y mudo. A menudo se lanzaba al agua y al fuego por causa de la posesión demoníaca. Cada vez que los demonios lo atacaban lo lanzaban al piso y echaba espumarajos por la boca, crujía los dientes y se ponía muy rígido.

Veamos ahora cómo aquel padre recibió la solución a su problema por parte de Jesús.

Jesús reprochó al padre por su falta de fe

El niño había sido sordo y mudo de nacimiento, por lo que no podía escuchar a nadie y tenía serias dificultades para hacerse entender por cualquier otra persona. A menudo era atormentado por la epilepsia y mostraba sus síntomas mediante convulsiones. Es por eso que el padre tenía que vivir en medio del dolor y la ansiedad y no tenía esperanza en la vida.

Al momento que él escuchó las noticias acerca de Jesús, el que había hecho revivir a los muertos, sanado a los enfermos de todo tipo de enfermedades, abierto los ojos de los ciegos y hecho varios milagros su corazón se llenó de esperanza. Él pensó: "Si este hombre tiene el poder del que he escuchado, quizás pueda sanar a mi hijo de todas sus enfermedades". Sospechaba que la curación de su hijo podría tener una oportunidad de ocurrir. Así que, en base a su sospecha, llevó su hijo delante de Jesús y le dijo lo siguiente: "...si puedes hacer algo, ten misericordia de nosotros, y ayúdanos".

Cuando Jesús lo escuchó, lo reprimió por su incredulidad y le dijo: "Si puedes creer, al que cree todo le es posible". Esto se debió a que el padre había escuchado acerca de Jesús, pero no creía en Él de corazón.

Si el padre hubiera creído que Jesús era el Hijo de Dios y el Todopoderoso para quien nada es imposible, y que Él es la verdad en Sí, jamás le hubiera dicho: "...si puedes hacer algo, ten misericordia de nosotros, y ayúdanos".

Sin fe es imposible agradar a Dios y sin fe espiritual no es posible recibir respuestas. Jesús le dijo al padre que si podía creer todo lo sería posible y lo reprendió por no creer plenamente; hizo esto para que el padre comprendiera esta verdad.

Cómo llegar a poseer la fe perfecta

Cuando se cree en lo que no se puede ver, la fe es aceptada por Dios y es llamada 'fe espiritual', 'fe verdadera', 'fe viva' o 'fe acompañada con obras'. Con esta fe se puede creer que algo puede surgir de la nada. *"Es, pues, la fe la certeza de lo que se espera, la convicción de lo que no se ve"* (Hebreos 11:1).

Se debe creer con el corazón el camino a la cruz, la resurrección, el regreso del Señor, la creación de Dios y los milagros ya que, solo así, se logrará ser considerado como alguien con fe perfecta. Al confesar la fe con los labios, hablamos de fe verdadera.

Hay tres condiciones para poseer fe perfecta:

La primera es la destrucción del muro de pecado contra Dios. Si se encuentra a sí mismo con un muro de pecado, debe destruirlo y arrepentirse de ello. Además debe batallar en contra del pecado al punto mismo de derramar sangre y debe evitar toda forma de maldad para no cometer pecado en absoluto. Si aborrece el pecado al punto de sentirse atribulado con solo pensar en él y ponerse nervioso y ansioso ante el pecado, ¿cómo podría atreverse a pecar? En lugar de vivir una vida de pecado, podrá comunicarse con Dios y poseer fe perfecta.

La segunda condición implica el seguimiento de la voluntad de Dios. Para poder hacer la voluntad de Dios primeramente se debe tener un claro entendimiento de lo que es Su voluntad. Así, sin importar los deseos personales, si no corresponden a la voluntad de Dios, no se los realizará. Por otro lado, aunque se trate de algo que uno no desee hacer, si es la voluntad de Dios, se lo tendrá que hacer. Cuando uno se apega a Su voluntad con todo el corazón, sinceridad, fuerza y sabiduría, Él otorga fe perfecta.

La tercera condición implica agradar a Dios con nuestro amor por Él. Si se hace todas las cosas para la gloria de Dios, ya sea que se coma o se beba o en cualquier cosa que se haga, y si se agrada a Dios aun sacrificándose a uno mismo, jamás se dejará de poseer fe perfecta. ¡Esta es la fe que hace posible lo imposible! Con esta fe completa no solo se llega a creer lo que se ve y lo que es posible alcanzar con nuestras fuerzas, sino también lo que no se ve y es imposible con la habilidad humana. De este modo, al confesar esta fe perfecta todo lo imposible se hará posible.

De acuerdo a esto, la Palabra de Dios que dice que si creemos todas las cosas nos serán posibles, reposará sobre nosotros y podremos glorificar a Dios en todo lo que hagamos.

Nada es imposible para aquel que cree

Cuando la fe perfecta es otorgada, nada será imposible y se logrará recibir soluciones a cualquier tipo de problemas. ¿En qué áreas se puede experimentar el poder de Dios que hace posible lo imposible? Observemos tres tipos de aspectos:

El primero de estos aspectos concierne a los problemas de las enfermedades

Supongamos que usted está enfermo por causa de las bacterias o de una infección viral. Si muestra fe y está lleno del Espíritu Santo, Su fuego quemará todas las enfermedades y usted será sanado. De modo más detallado, si se arrepiente de sus pecados y se aleja de ellos, podrá ser sanado por medio de la oración. Si es un principiante en la fe, debe abrir su corazón y escuchar la Palabra de Dios hasta que pueda mostrar su fe.

Además, si es atacado por enfermedades muy graves que no pueden ser curadas con tratamientos médicos, debe demostrar pruebas de su gran fe. Únicamente al arrepentirse por completo de los pecados sometiendo el corazón y aferrándose a Dios por medio de las oraciones fervientes, logrará ser sanado. Pero aquellos que tienen fe débil o quienes apenas han empezado a asistir a la iglesia no pueden ser sanados a menos que se les otorgue fe espiritual; en la medida en que reciban esa fe, las obras de sanidad ocurrirán en sus vidas poco a poco.

Las deformidades físicas, anormalidades, cojera, sordera, condiciones de discapacidad mental y física y los problemas hereditarios no se puede restaurar sin el poder de Dios. Aquellos que padecen tales condiciones deben mostrar su sinceridad ante Dios y presentar pruebas de su fe a fin de amarlo y ser de Su agrado para que puedan ser reconocidos por Dios; luego podrán tomar lugar en ellos las obras de sanidad mediante el poder de Dios.

Aquellas obras de sanidad podrán darse únicamente cuando muestren obras de fe al igual que el mendigo ciego llamado Bartimeo, el que clamó a Jesús (Marcos 10:46-52) y al paralítico y sus cuatro amigos, los que presentaron la prueba de su fe ante Jesús (Marcos 2:3-12).

El segundo aspecto comprende los problemas financieros

Si se intenta resolver los problemas financieros con el conocimiento, maneras y experiencias, pero sin la ayuda de Dios, estos se solucionarán únicamente de acuerdo a las habilidades y esfuerzos. No obstante, si se despoja de los pecados y se va en pos de la voluntad de Dios además de encomendar todo problema a Él creyendo que nos guiará en Sus caminos, el alma prosperará, todo saldrá bien y se disfrutará de buena salud. Además, ya que se está caminando en el Espíritu Santo, se recibe bendiciones de parte de Dios.

Jacob había ido tras las costumbres y sabiduría humanas en

toda su vida hasta el momento que batalló con un ángel de Dios junto al río Jaboc. El ángel tocó en el sitio del encaje de su muslo, y se descoyuntó el muslo. En esta lucha con el ángel de Dios, él se sometió a Dios y dejó todo ante Él. Desde ese entonces recibió la bendición de que Dios estuviera siempre con él. Del mismo modo, si usted ama y agrada a Dios y encomienda todo en Sus manos, todas las cosas le saldrán bien.

El tercer aspecto se trata de cómo recibir fortaleza espiritual

En 1 Corintios 4:20 encontramos que el reino de Dios no consiste en palabras sino en poder, el mismo que aumenta en la medida en que llegamos a poseer la fe perfecta. El poder de Dios desciende sobre nosotros de modo distinto según la medida de nuestras oraciones, fe y amor. Las obras de los milagros de Dios, las cuales están a un nivel mayor que el don de sanidad, se pueden dar únicamente por medio de aquellos que reciben el poder de Dios a través de las oraciones y el ayuno.

Así, si se posee fe perfecta, lo imposible se hará posible y se podrá confesar valientemente: "Si puedes creer, al que cree todo le es posible".

"Creo; ayuda mi incredulidad"

Hay un proceso necesario para que usted reciba las soluciones a cualquier problema.

Primero: se debe empezar ofreciendo confesiones positivas con los labios

Hubo un padre que había sufrido de angustia por un largo tiempo ya que su hijo estaba poseído por espíritus malignos. Cuando este padre escuchó acerca de Jesús, llegó a tener un corazón lleno de anhelo por verlo. Posteriormente llevó a su hijo a Jesús con la esperanza de que hubiera la posibilidad de ser sanado. Aunque no tenía la certeza de ello, le pidió a Jesús que sanara a su niño.

Jesús reprendió al padre por dudar diciendo: "Si Tú puedes..." pero también lo animó diciendo: *"....al que cree todo le es posible"* (Marcos 9:23). Ante estas palabras de aliento, el padre clamó y dijo: *"Creo; ayuda mi incredulidad"* (Marcos 9:24), haciendo así una confesión positiva ante Jesús.

Ya que únicamente había escuchado que todas las cosas eran posibles con Jesús, él lo entendió con su mente y confesó su fe con sus labios pero no confesó la fe que podía hacerlo creer con el corazón. Aunque tenía fe como conocimiento, su confesión positiva se tornó una urgencia de fe espiritual y le permitió recibir la respuesta.

Segundo: se debe poseer fe espiritual que permita creer con el corazón

El padre de este niño poseído por demonios deseó ansiosamente recibir la fe espiritual y le dijo a Jesús: *"Creo; ayuda mi incredulidad"* (Marcos 9:24). Cuando Jesús escuchó la petición del padre, Él conoció su corazón sincero, su veracidad, su petición ferviente y su fe, así que le otorgó la fe espiritual que necesitaba para creer con el corazón. En consecuencia, ya que el padre llegó a poseer la fe espiritual, Dios pudo obrar a su favor y recibió la respuesta de Su parte.

En Marcos 9:25 vemos que, cuando Jesús dio órdenes al espíritu maligno, diciendo: *"Espíritu mudo y sordo, yo te mando, sal de él, y no entres más en él"*, éste salió.

En pocas palabras, el padre del niño no habría logrado recibir la respuesta de parte de Dios únicamente con su fe carnal almacenada solo como conocimiento. Pero, tan pronto como recibió la fe espiritual, las respuestas de Dios se le otorgaron de modo inmediato.

Tercero: se debe clamar en oración hasta el momento mismo en que se recibe las respuestas

En Jeremías 33:3, Dios nos promete: *"Clama a mí, y yo te responderé, y te enseñaré cosas grandes y ocultas que tú no conoces";* en Ezequiel 36:36, Él nos enseña: *"Aún seré solicitado por la casa de Israel, para hacerles esto"*. Como está escrito,

Jesús, los profetas del Antiguo Testamento y los discípulos del Nuevo Testamento clamaron y oraron a Dios para recibir Sus respuestas.

De igual manera, únicamente por medio del clamor en oración se puede recibir la fe que permite creer con el corazón y solo a través de esa fe espiritual se puede recibir las respuestas a las oraciones y problemas. Se debe clamar en oración hasta recibir las respuestas y entonces lo imposible se hará posible. El padre del niño poseído por demonios logró recibir su respuesta porque clamó a Jesús.

Esta historia del padre de este niño poseído nos da una lección importante de la ley de Dios: para poder experimentar la Palabra de Dios que dice: "Si puedes creer, al que cree todo le es posible", se debe transformar la fe carnal en fe espiritual que ayuda a poseer una fe perfecta, a pararse sobre la roca de la fe y a obedecer sin duda alguna.

Para resumir el proceso, primero se debe hacer una confesión positiva con la fe carnal que está almacenada como conocimiento. Luego se debe clamar a Dios en oración hasta recibir la respuesta y finalmente se debe recibir la fe espiritual de lo Alto, la cual hace posible que uno crea de corazón.

Para cumplir estas tres condiciones a fin de recibir respuestas completas, primero hay que destruir el muro de pecado contra Dios. Después hay que mostrar acciones de fe con sinceridad y luego hay que permitir que el alma prospere. Se recibirá fe espiritual de lo Alto y se hará posible lo imposible en la medida en que se cumplan estas tres condiciones.

Si se intenta hacer las cosas por uno mismo en lugar de encomendarlas al Dios Todopoderoso, se tendrá problemas y se enfrentará dificultades. Por el contrario, si se destruye los pensamientos humanos que le hacen considerar las cosas como imposibles y le impiden dejarlo todo ante Dios, Él podrá hacerlo todo. ¿Qué le será imposible?

Los pensamientos de la carne son enemistad contra Dios (Romanos 8:7); impiden que se crea y causan que se decepcione a Dios al hacer confesiones negativas, ayudan a Satanás a lanzar acusaciones contra uno y a provocar pruebas, tribulaciones, problemas y dificultades. Por ende, se debe destruir todo pensamiento de la carne. Sin importar el tipo de problema que se enfrente, incluyendo los de la prosperidad del alma, en los negocios, trabajo, enfermedades y familia, se los debe encomendar en las manos de Dios. Se debe confiar en el Dios Todopoderoso, creer que Él hará posible lo imposible y destruir todo tipo de pensamiento de la carne con fe.

Al hacer confesiones positivas diciendo: "Yo creo", y al orar a Dios con sinceridad, Él otorgará la fe que ayudará a creer con el corazón y con esta fe le permitirá recibir las respuestas a cualquier tipo de problema, y se lo glorificará. ¡Cuán bendecida es esta vida!

Ruego en el nombre de Jesucristo que usted camine únicamente con fe para poder alcanzar el reino y la justicia de Dios, para cumplir con la Gran Comisión de predicar el evangelio en el mundo, para hacer la voluntad de Dios que le ha sido asignada, para hacer posible lo imposible como buen soldado de la cruz y para hacer brillar la luz de Cristo.

Capítulo 6

David confió únicamente en Dios

Daniel 6:21-23

"Entonces Daniel respondió al rey: Oh rey, vive para siempre. Mi Dios envió su ángel, el cual cerró la boca de los leones, para que no me hiciesen daño, porque ante él fui hallado inocente; y aun delante de ti, oh rey, yo no he hecho nada malo. Entonces se alegró el rey en gran manera a causa de él, y mandó sacar a Daniel del foso; y fue Daniel sacado del foso, y ninguna lesión se halló en él, porque había confiado en su Dios".

Mientras Daniel era un niño, fue llevado como esclavo a Babilonia. Sin embargo, más adelante él ocupó una posición favorable en calidad de tercer señor del reino. Ya que amaba a Dios en grado sumo, Él le otorgó el conocimiento y la inteligencia en cada rama de la literatura y la sabiduría. Daniel incluso fue muy entendido en todo tipo de visiones y sueños, y fue un político y profeta que puso de manifiesto el poder de Dios.

Durante toda su vida nunca puso en riesgo su servicio a Dios por causa del mundo; superó pruebas y tribulaciones con fe de mártir y glorificó a Dios a través de grandes triunfos de fe. ¿Qué debemos hacer para poseer el mismo tipo de fe que tuvo él?

Analicemos por qué Daniel, el tercer señor del rey y gobernante de Babilonia, fue lanzado al foso de los leones y cómo sobrevivió ahí sin ninguna lesión en el cuerpo.

Daniel, un hombre de fe

Durante el reinado del rey Roboam, debido a la degradación del rey Salomón, el Reino Unido de Israel se dividió en dos: el Reino del Sur de Judá y el Reino del Norte de Israel (1 Reyes 11:26-36). Los reyes y naciones que obedecieron las ordenanzas de Dios fueron prósperas, pero las que desobedecieron la ley de Dios fueron destruidas.

En el año 722 a. C. el reino del norte de Israel se derrumbó bajo el ataque de Asiria. En ese entonces innumerables personas fueron llevadas cautivas a Asiria. El reino del sur de Judá también fue invadido, pero no fue destruido.

Más adelante el rey Nabucodonosor atacó el reino del sur de Judá y en el tercer intento se vino abajo la ciudad de Jerusalén y se destruyó el templo de Dios. Esto fue en el año 586 a. C.

En el tercer año del reinado de Joacim, rey de Judá, Nabucodonosor, rey de Babilonia vino a Jerusalén y la sitió. En este primer ataque, el rey Nabucodonosor ató al rey Joacim con cadenas de bronce para llevarlo a Babilonia, y también llevó algunos de los artículos de la casa de Dios.

Daniel estaba entre la familia real y los nobles tomados como primeros cautivos. Ellos vivían en la tierra gentil, pero Daniel fue prosperado durante su servicio a varios reyes: Nabucodonosor y Beltsasar, que eran los reyes de Babilonia, y Darío y Ciro, que eran los reyes de Persia. Daniel vivió en los países gentiles durante mucho tiempo y sirvió a estos países como uno de los gobernantes después de los reyes. Sin embargo, mostró la fe por la cual no transigió con el mundo y llevó una vida triunfante en calidad de profeta de Dios.

Nabucodonosor, rey de Babilonia, ordenó al jefe de los eunucos que trajese de los hijos de Israel, del linaje real de los príncipes, muchachos en quienes no hubiese tacha alguna, de buen parecer, enseñados en toda sabiduría, sabios en ciencia y de buen entendimiento, e idóneos para estar en el palacio del rey; y que les enseñase las letras y la lengua de los caldeos. Y les señaló el rey ración para cada día, de la provisión de la comida del rey, y del vino que él bebía; y que los criase tres años. Daniel fue uno de ellos (Daniel 1:4-5).

"Y Daniel propuso en su corazón no contaminarse con la porción de la comida del rey, ni con el vino que él bebía; pidió, por tanto, al jefe de los eunucos que no se le obligase a contaminarse" (Daniel 1:8). ¡Este fue el tipo de fe de Daniel, quien deseaba guardar la ley de Dios. *"Y puso Dios a Daniel en gracia y en buena voluntad con el jefe de los eunucos"* (v. 9). *"Así, pues, Melsar se llevaba la porción de la comida de ellos y el vino que habían de beber, y les daba legumbres"* (v.16).

Ya que Dios vio la fe de Daniel, le dio conocimiento e inteligencia en todas las letras y ciencias y tuvo entendimiento en toda visión y sueños (v. 17). En todo asunto de sabiduría e inteligencia que el rey le consultó, lo halló diez veces mejor que todos los magos y astrólogos que había en todo su reino (v. 20).

Más adelante el rey Nabucodonosor se sintió atribulado por un sueño que había tenido y no lograba dormir; ninguno de los caldeos pudo interpretar su sueño, pero Daniel tuvo éxito en hacerlo gracias a la sabiduría y al poder de Dios. *"Entonces el rey engrandeció a Daniel, y le dio muchos honores y grandes dones, y le hizo gobernador de toda la provincia de Babilonia, y jefe supremo de todos los sabios de Babilonia"* (Daniel 2:46-48).

No solo en el reinado de Nabucodonosor, rey de Babilonia, sino también en el de Beltsasar, Daniel obtuvo favor y reconocimiento. El rey Beltsasar emitió un edicto indicando que Daniel tenía autoridad como tercer señor del reino. Cuando el rey Beltsasar murió y Darío subió al trono, Daniel continuó gozando del favor del rey.

El rey Darío nombró 120 sátrapas sobre el reino, y sobre ellos tres gobernadores. No obstante, ya que Daniel empezó a sobresalir entre los gobernadores y sátrapas con su espíritu extraordinario, el rey planeó designarlo sobre todo el reino.

"Entonces los gobernadores y sátrapas buscaban ocasión para acusar a Daniel en lo relacionado al reino; mas no podían hallar ocasión alguna o falta, porque él era fiel, y ningún vicio ni falta fue hallado en él" (Daniel 6:4). Tramaron un plan para encontrar el motivo de acusación en contra de Daniel con respecto a la ley de Dios. Solicitaron que el rey promulgara un edicto real y lo confirme, que cualquiera que en el espacio de treinta días demande petición de cualquier dios u hombre fuera del rey, sea echado en el foso de los leones. Pidieron además que el rey confirmara el edicto y lo firme, para que no pudiera ser revocado, conforme a la ley de Media y de Persia, la cual no podía ser abrogada. *"Firmó, pues, el rey Darío el edicto y la prohibición"* (v. 9).

"Cuando Daniel supo que el edicto había sido firmado, entró en su casa, y abiertas las ventanas de su cámara que daban hacia Jerusalén, se arrodillaba tres veces al día, y oraba y daba gracias delante de su Dios, como lo solía hacer antes" (v.10). Daniel sabía que sería lanzado al foso de los leones

por violar el edicto real, pero decidió sufrir una muerte como mártir y servir tan solo a Dios.

Aun en medio del cautiverio en Babilonia, Daniel siempre recordó la gracia de Dios y lo amó con fervor, al punto de arrodillarse en el piso, orar y dar gracias tres veces al día sin cesar. Él tenía una fe muy sólida y nunca puso en riesgo su servicio a Dios por causa del mundo.

Daniel es lanzado al foso de los leones

Los que estaban celosos de Daniel se juntaron, y hallaron a Daniel orando y rogando en presencia de su Dios. Fueron luego ante el rey y le hablaron del edicto real. Finalmente el rey comprendió que los que le pidieron que decretara el edicto no lo habían hecho por causa del rey sino en base a su malvado plan de eliminar a Daniel, y le pesó mucho. Pero ya que el rey había firmado y confirmado el edicto, él mismo no podía revocarlo.

"Cuando el rey oyó el asunto, le pesó en gran manera, y resolvió librar a Daniel" (v. 14). Sin embargo, los gobernadores y los sátrapas obligaron al rey a cumplir el edicto y no tuvo más remedio que hacerlo.

Entonces el rey mandó, y trajeron a Daniel, y le echaron en el foso de los leones, y fue traída una piedra y puesta sobre la puerta del foso. Esto se hizo así para que el acuerdo acerca de Daniel no se alterase.

"Después el rey se fue a su palacio y pasó la noche en ayuno; ningún entretenimiento fue traído ante él y se le fue el sueño. Entonces el rey se levantó al amanecer, al rayar el alba, y fue a toda prisa al foso de los leones" (v. 6-7 LBLA). Se esperaba, naturalmente, que ya que Daniel había sido arrojado al foso de los leones hambrientos, él fuese comido por los leones. Pero el rey fue a toda prisa al foso de los leones esperando que estuviera vivo.

En aquel entonces muchos criminales que estaban condenados eran lanzados al foso de los leones. ¿Cómo pudo Daniel vencer a los hambrientos leones y sobrevivir en el foso? El rey pensó que el Dios a quien Daniel servía quizás podía haberlo salvado, así que se acercó al foso. *"Y acercándose al foso llamó a voces a Daniel con voz triste, y le dijo: Daniel, siervo del Dios viviente, el Dios tuyo, a quien tú continuamente sirves, ¿te ha podido librar de los leones?"* (v. 20)

Para su sorpresa, la voz de Daniel se escuchó desde el interior del foso de los leones. *"Entonces Daniel respondió al rey: Oh rey, vive para siempre. Mi Dios envió su ángel, el cual cerró la boca de los leones, para que no me hiciesen daño, porque ante él fui hallado inocente; y aun delante de ti, oh rey, yo no he hecho nada malo"* (Daniel 6:21-22).

Entonces se alegró el rey en gran manera a causa de él, y mandó sacar a Daniel del foso; y fue Daniel sacado del foso, y ninguna lesión se halló en él... ¡Cuán sorprendente es esto! Este fue el gran triunfo que alcanzó la fe de Daniel quien confió en Dios. Ya que Daniel confiaba en el Dios vivo, sobrevivió en medio de los leones hambrientos y puso de manifiesto la gloria de Dios incluso ante los gentiles.

"Y dio orden el rey, y fueron traídos aquellos hombres que habían acusado a Daniel, y fueron echados en el foso de los leones ellos, sus hijos y sus mujeres; y aún no habían llegado al fondo del foso, cuando los leones se apoderaron de ellos y quebraron todos sus huesos" (Daniel 6:24). Entonces el rey Darío escribió a todos los pueblos, naciones y lenguas que habitan en toda la tierra y les permitió que temieran a Dios dándoles a conocer quién es Él.

El rey declaró: *"Paz os sea multiplicada. De parte mía es puesta esta ordenanza: Que en todo el dominio de mi reino todos teman y tiemblen ante la presencia del Dios de Daniel; porque él es el Dios viviente y permanece por todos los siglos, y su reino no será jamás destruido, y su dominio perdurará hasta el fin. El salva y libra, y hace señales y maravillas en el cielo y en la tierra; él ha librado a Daniel del poder de los leones"* (v. 26-27).

¡Cuán grandioso es este triunfo de la fe! Todo esto se dio porque no se encontró pecado en Daniel y porque él confió plenamente en Dios. Si nosotros caminamos según la Palabra de Dios y habitamos en Su amor, sin importar el tipo de situación o condición, Él proveerá la manera de escapara y otorgará el triunfo.

Daniel, un vencedor con gran fe

¿Qué tipo de fe tuvo Daniel, con la que logró glorificar a Dios en gran manera? Observemos el tipo de fe que tuvo Daniel, con la que pudo superar cualquier tipo de tribulación y aflicción y revelar la gloria del Dios vivo a muchas personas.

Primero: Daniel jamás puso en peligro su fe ante cualquier cosa de este mundo

Él estaba a cargo de los asuntos generales del país en calidad de gobernador de Babilonia y estaba muy consciente de que sería lanzado al foso de los leones si transigía el edicto. No obstante, jamás se sometió a los pensamientos y sabiduría humana; no tuvo temor de la gente que había conspirado contra él, al contrario, se arrodilló y oró a Dios como lo había hecho antes. Si se hubiera sujetado a los pensamientos humanos, tendría que haber dejado de orar o hubiera tenido que hacerlo en secreto durante los 30 días que duraba el edicto. Sin embargo, Daniel no hizo ninguna de esas cosas; Él no trató de salvar su vida en absoluto ni trató de llegar a un acuerdo con el mundo sino que, únicamente guardó su fe por su amor a Dios.

En pocas palabras, era porque tenía la fe de un mártir que, a pesar de que sabía que el edicto había sido firmado, entró en su casa, y en su cámara que tenía las ventanas abiertas hacia

Jerusalén continuó arrodillándose tres veces al día para orar y dar gracias a Dios como lo solía hacer antes.

Segundo: Daniel tuvo la fe con la que no cesó de orar

Cuando se encontró ante una situación en la que tuvo que prepararse para su muerte, oró a Dios como solía hacerlo antes en lugar de caer en el pecado de dejar de orar (1 Samuel 12:23).

La oración es el aliento de nuestro espíritu, por tanto, no debemos dejar de orar. Cuando las pruebas y aflicciones vienen sobre nosotros, debemos orar, y cuando tenemos paz, debemos orar para no entrar en tentación (Lucas 22:40). Daniel logró guardar su fe y superar las pruebas porque no dejó de orar.

Tercero: Daniel tuvo la fe para agradecer ante toda circunstancia

Muchos padres de la fe registrados en la Biblia dieron gracias en todo con fe porque sabían que la gratitud frente a cualquier circunstancia constituye la fe verdadera. Cuando Daniel fue lanzado al foso de los leones por haberse apegado a la ley de Dios, el resultado fue un triunfo de la fe. Aunque hubiese sido devorado por los leones, se habría encomendado a los brazos de Dios y habría vivido en Su reino eterno. Sin importar el desenlace, él no sintió temor. Si una persona cree plenamente en el Cielo, no tendrá temor de la muerte.

Aunque Daniel hubiera vivido en paz en la posición de gobernador del reino después del rey, esto no habría sido más que un honor temporal. Mientras que, si hubiera tenido que morir como mártir por guardar su fe, habría sido reconocido por Dios, considerado como alguien grande en el reino de los Cielos y habría vivido en la brillante gloria eterna. Es por eso que, lo único que hizo, fue agradecer.

Cuarto: Daniel jamás pecó; tuvo la fe con la que se apegó a la Palabra de Dios y la puso en práctica

En relación a los asuntos del reino no se encontró ocasión para acusar a Daniel, no hubo en él ninguna falta, ni vicio, ni deshonestidad. ¡Su vida fue muy pura!

Él no sintió remordimiento ni tenía ningún mal sentimiento contra el rey que había ordenado que fuera echado al foso de los leones. Más bien continuó siendo leal al rey, al punto de responderle, diciendo: "Oh rey, vive para siempre". Si hubiera tenido que pasar esta prueba por causa de sus pecados, Dios no habría podido protegerlo. Sin embargo, ya que él no pecó, logró ser protegido por Dios.

Quinto: Daniel tuvo la fe con la que confió plena y únicamente en Dios

Si tenemos temor reverente de Dios, si confiamos plenamente en Él y ponemos cada asunto en Sus manos, Él resolverá todo tipo de problema que tengamos. Daniel confió por completo en Dios y dependió solo de Él. Por eso, él no se comprometió con el mundo sino que escogió la ley de Dios y pidió Su ayuda. Dios vio la fe de Daniel e hizo que todo obrara para su bien; a las bendiciones añadió más bendiciones a fin de que se le glorificara grandemente.

Si tenemos la misma fe que tuvo Daniel, no importa qué tipo de pruebas y dificultades enfrentemos porque podremos superarlas y convertirlas en oportunidades de ser una bendición y daremos testimonio del Dios vivo. El diablo enemigo ronda buscando a quien devorar. Por eso debemos resistir al diablo con una fe sólida y vivir bajo la protección de Dios al guardar y habitar en Su Palabra.

Por medio de las pruebas que nos asechan y duran por un instante, Dios nos perfeccionará, confirmará, fortalecerá y establecerá (1 Pedro 5:10). Es mi oración en el nombre del Señor Jesucristo, que usted posea la misma fe que tuvo Daniel, que camine con Dios en todo tiempo y que lo glorifique.

Capítulo 7

Dios provee por adelantado

Génesis 22:11-14

"Entonces el ángel de Jehová le dio voces desde el cielo, y dijo: Abraham, Abraham. Y él respondió: Heme aquí. Y dijo: No extiendas tu mano sobre el muchacho, ni le hagas nada; porque ya conozco que temes a Dios, por cuanto no me rehusaste tu hijo, tu único. Entonces alzó Abraham sus ojos y miró, y he aquí a sus espaldas un carnero trabado en un zarzal por sus cuernos; y fue Abraham y tomó el carnero, y lo ofreció en holocausto en lugar de su hijo. Y llamó Abraham el nombre de aquel lugar, Jehová proveerá. Por tanto se dice hoy: En el monte de Jehová será provisto".

¡Jehová proveerá! ¡Cuán emocionante y agradable es escuchar esto! Esto significa que Dios prepara todo por adelantado. En la actualidad muchos creyentes en Dios han escuchado y saben que Dios obra, prepara todo y nos guía con anticipación. Pero la mayoría de personas no logran experimentar esta promesa de Dios en sus vidas como creyentes.

Los términos 'Jehová proveerá' son palabras de bendición, justicia y esperanza. Todo individuo desea y anhela estas cosas. Si no comprendemos el sendero al que esta palabra se refiere, no podremos entrar al camino de bendición. Por ende, anhelo compartir con usted la fe de Abraham como un ejemplo de un hombre que recibió la bendición inmersa en 'Jehová proveerá'.

Abraham puso la Palabra de Dios por encima de todo lo demás

En Marcos 12:30, Jesús dice: *"Y amarás al Señor tu Dios con todo tu corazón, y con toda tu alma, y con toda tu mente y con todas tus fuerzas. Este es el principal mandamiento"*. Como se describe en Génesis 22:11-14, Abraham amó a Dios a tal punto que pudo comunicarse con Él cara a cara, comprendió la voluntad de Dios y recibió la bendición inmersa en 'Jehová proveerá'. Es necesario entender que el hecho de que él haya recibido todo esto, de ninguna manera fue accidental.

Abraham puso a Dios en primer lugar, por encima de todo, y

consideró Su Palabra más valiosa que cualquier cosa. Así que no fue en pos de sus propios pensamientos sino que estuvo siempre listo para obedecer a Dios. Debido a que era sincero con Dios y con sí mismo, sin falsedad alguna, fue preparado en el fondo de su corazón para recibir las bendiciones.

En Génesis 12:1-3, Dios le dijo: *"Vete de tu tierra y de tu parentela, y de la casa de tu padre, a la tierra que te mostraré. Y haré de ti una nación grande, y te bendeciré, y engrandeceré tu nombre, y serás bendición. Bendeciré a los que te bendijeren, y a los que te maldijeren maldeciré; y serán benditas en ti todas las familias de la tierra".*

Ante esta situación, si Abraham hubiera usado pensamientos humanos, se habría sentido un poco atribulado cuando Dios le dijo que dejara su tierra, su parentela y la casa de su padre. Sin embargo, él consideró a Dios el Padre, el Creador, como su prioridad y al hacerlo pudo obedecer y seguir la voluntad de Dios. De la misma manera, cualquier persona puede obedecer a Dios con gozo si en realidad lo ama. Esto se debe a que creerá que Dios causa que todo obre para bien del que lo ama.

Muchas partes de la Biblia nos muestran a varios padres de la fe que consideraron la Palabra de Dios como lo primero y caminaron de acuerdo a ella. En 1 Reyes 19:20-21 leemos: *"Entonces [Eliseo] dejando él los bueyes, vino corriendo en pos de Elías, y dijo: Te ruego que me dejes besar a mi padre y a mi madre, y luego te seguiré. Y él le dijo: Ve, vuelve; ¿qué te he hecho yo? Y se volvió, y tomó un par de bueyes y los mató, y con el arado de los bueyes coció la carne, y la dio al pueblo para que comiesen. Después se levantó y fue tras Elías, y le servía".* Cuando Dios llamó a Eliseo por medio de Elías, él inmediatamente abandonó todo lo que tenía y fue tras la voluntad de Dios.

Lo mismo sucedió con los discípulos de Jesús; cuando Él los llamó, ellos lo siguieron inmediatamente. Mateo 4:18-22 nos dice: *"Andando Jesús junto al mar de Galilea, vio a dos hermanos, Simón, llamado Pedro, y Andrés su hermano, que echaban la red en el mar; porque eran pescadores. Y les dijo: Venid en pos de mí, y os haré pescadores de hombres Ellos entonces, dejando al instante las redes, le siguieron. Pasando de allí, vio a otros dos hermanos, Jacobo hijo de Zebedeo, y Juan su hermano, en la barca con Zebedeo su padre, que remendaban sus redes; y los llamó. Y ellos, dejando al instante la barca y a su padre, le siguieron".*

Es por esto que le animo sinceramente a poseer la fe con la que se obedece la voluntad de Dios, cualquiera que esta sea, y a que considere la Palabra de Dios como su prioridad para que Él pueda obrar para su bien en todo por medio de Su poder.

Abraham siempre respondió 'Sí'

Según la Palabra de Dios, Abraham dejó su tierra, Harán, para ir a la tierra de Canaán. No obstante, ya que el hambre era tan grande ahí, tuvo que mudarse a la tierra de Egipto (Génesis 12:10). Cuando llegó ahí, Abraham llamó a su esposa "hermana" para evitar ser asesinado. En este sentido, algunos dicen que había engañado a la gente a su alrededor diciéndoles que ella era su hermana porque tenía miedo y era un cobarde. Pero la verdad es que no mintió, simplemente usó sus pensamientos humanos. Esto se constata por el hecho de que, cuando se le ordenó dejar su tierra, él obedeció sin temor. Por lo tanto, no es verdad que él había engañado a la gente diciéndoles que su esposa era su hermana por causa de su cobardía. Él lo hizo, no solo porque en realidad ella era una de sus primas, sino también porque pensó que era mejor llamarla 'hermana' en lugar de 'esposa'.

Mientras estaba en Egipto, Abraham fue perfeccionado por Dios para que pudiera confiar plenamente en Él con fe perfecta y sin seguir la sabiduría y pensamientos humanos. Él siempre estuvo listo para obedecer, pero tenía todavía pensamientos carnales de los que debía abstenerse. Por medio de esta prueba Dios permitió que el Faraón de Egipto lo tratara bien, le dio muchas bendiciones, incluyendo ovejas, bueyes y asnos, criados y siervas, asnas y camellos.

Esto nos indica que, si las pruebas vienen sobre nosotros por no obedecer, debemos sufrir dificultades, mientras que si vienen por causa de nuestros pensamientos carnales que aún no hemos abandonado aunque seamos obedientes, Dios permitirá que todo obre para bien.

Esta prueba hizo posible que él dijera únicamente 'Amén' y obedeciera en todo; posteriormente Dios le pidió que ofreciera su único hijo, Isaac, en holocausto. En Génesis 22:1 leemos: *"Aconteció después de estas cosas, que probó Dios a Abraham, y le dijo: Abraham. Y él respondió: Heme aquí"*.

Cuando Isaac nació, Abraham tenía cien años y su esposa, Sara, tenía noventa años. Según los padres, era totalmente imposible tener un hijo, pero por la gracia y promesa de Dios tuvieron un niño que les fue contado como lo más valioso que tenían. Además él era la semilla de la promesa de Dios y por eso Abraham se sorprendió mucho cuando Dios le ordenó que lo ofreciera como holocausto al igual que un animal. Esto sobrepasaba cualquier tipo de imaginación humana.

Pero ya que Abraham creía que Dios podría levantar a su hijo de la muerte, pudo obedecer la orden de Dios (Hebreos 11:17-19). En otro aspecto, ya que todos sus pensamientos carnales habían sido destruidos, pudo poseer la fe con la que ofreció a su hijo Isaac en holocausto.

Dios vio esta fe de Abraham y preparó un carnero para el holocausto, de modo que Abraham no extendiera su mano contra su hijo. "Entonces alzó Abraham sus ojos y miró, y he aquí a sus espaldas un carnero trabado en un zarzal por sus cuernos; y fue Abraham y tomó el carnero, y lo ofreció en holocausto en lugar de su hijo. Y llamó Abraham el nombre de aquel lugar, Jehová proveerá".

En Génesis 22:12, Dios ordenó a Abraham por su fe, diciendo:

"...porque ya conozco que temes a Dios, por cuanto no me rehusaste tu hijo, tu único" y en los versos 17 y 18 le da una promesa sorprendente: *"...de cierto te bendeciré, y multiplicaré tu descendencia como las estrellas del cielo y como la arena que está a la orilla del mar; y tu descendencia poseerá las puertas de sus enemigos. En tu simiente serán benditas todas las naciones de la tierra, por cuanto obedeciste a mi voz".*

Aunque su fe no haya alcanzado el nivel de la fe de Abraham, quizás alguna vez usted experimentó la bendición inmersa en 'Jehová proveerá'. Cuando estaba a punto de hacer algo, se dio cuenta de que Dios ya se había preparado para ello, lo cual se hizo posible porque su corazón estaba en pos de Dios en ese momento. Si usted está capacitado para poseer la misma fe que tuvo Abraham y obedecer por completo a Dios, vivirá en la bendición que implica 'Jehová proveerá', en todo momento y en todo lugar. ¡Cuán asombrosa es la vida en Cristo!

Para que usted pueda recibir la bendición que respecta a 'Jehová proveerá', debe decir 'Amén' a cualquier tipo de ordenanza de Dios y caminar solamente de acuerdo a la voluntad de Dios sin insistir en sus propios pensamientos en absoluto. Usted debe ganarse el reconocimiento de parte de Dios. Es por eso que Dios nos dice claramente que obedecer es mejor que los sacrificios (1 Samuel 15:23).

"Jesús, el cual, siendo en forma de Dios, no estimó el ser

igual a Dios como cosa a que aferrarse, sino que se despojó a sí mismo, tomando forma de siervo, hecho semejante a los hombres; y estando en la condición de hombre, se humilló a sí mismo, haciéndose obediente hasta la muerte, y muerte de cruz" (Filipenses 2:6-8). Respecto a Su obediencia perfecta, 2 Corintios 1:19-20 dice: *"Porque el Hijo de Dios, Jesucristo, que entre vosotros ha sido predicado por nosotros, por mí, Silvano y Timoteo, no ha sido Sí y No; mas ha sido Sí en él; porque todas las promesas de Dios son en él Sí, y en él Amén, por medio de nosotros, para la gloria de Dios".*

Así como el Hijo unigénito de Dios dijo solo 'Sí', indudablemente debemos nosotros decir 'Amén' a cualquier palabra de Dios, además de glorificarlo al recibir la bendición inmersa en 'Jehová proveerá'.

Abraham buscó la paz y la santidad en todo

Ya que Abraham consideró la Palabra de Dios como prioridad sobre todas las cosas y debido a que amó a Dios más que a todo lo demás, él dijo solo 'Amén' ante la Palabra de Dios y la obedeció por completo a fin de agradar a Dios.

Además llegó a ser totalmente santificado y siempre buscó estar en paz con todos a su alrededor para así ganar el reconocimiento de parte de Dios.

En Génesis 13:8-9, él le dijo a su sobrino Lot: *"No haya ahora altercado entre nosotros dos, entre mis pastores y los tuyos, porque somos hermanos. ¿No está toda la tierra delante de ti? Yo te ruego que te apartes de mí. Si fueres a la mano izquierda, yo iré a la derecha; y si tú a la derecha, yo iré a la izquierda".*

Él era mayor que Lot, pero le dio a escoger la tierra y se sacrificó a sí mismo para tener paz, lo cual se dio porque él no buscaba su propio beneficio sino el de los demás con su amor espiritual. Del mismo modo, si usted vive en la verdad, no debe contender ni jactarse de sí mismo a fin de tener paz con todos.

En Génesis 14:12, 16 vemos que cuando Abraham escuchó que su sobrino Lot había sido tomado cautivo, armó a sus criados, los nacidos en su casa, trescientos dieciocho, y los siguió hasta que recobró todos los bienes, y también a Lot su pariente y sus bienes, y a las mujeres y demás gente. Y debido a que él era completamente recto y caminaba de modo correcto, le dio a Melquisedec, rey de Salem, los diezmos de todo y devolvió el resto al rey de Sodoma diciendo: *"...que desde un hilo hasta una correa de calzado, nada tomaré de todo lo que es tuyo, para que no digas: Yo enriquecí a Abram"* (v. 23). De este modo, Abraham no estaba solamente en búsqueda de la paz en cada asunto sino que también caminaba de modo intachable y recto.

Hebreos 12:14 dice: *"Seguid la paz con todos, y la santidad, sin la cual nadie verá al Señor".* Le animo de manera sincera a que comprenda que Abraham pudo recibir la bendición inmersa en 'Jehová proveerá' porque buscó la paz con todos y alcanzó la santificación. Le animo también a llegar a ser el mismo tipo de persona que es él.

Creer en el poder de Dios el Creador

Para poder recibir la bendición inmersa en 'Jehová proveerá', debemos creer en el poder de Dios. Hebreos 11:17-19 nos enseña: *"Por la fe Abraham, cuando fue probado, ofreció a Isaac; y el que había recibido las promesas ofrecía su unigénito, habiéndosele dicho: En Isaac te será llamada descendencia; pensando que Dios es poderoso para levantar aun de entre los muertos, de donde, en sentido figurado, también le volvió a recibir"*. Abraham creía que el poder de Dios el Creador haría todo posible, por eso pudo obedecer a Dios sin seguir ningún tipo de pensamiento carnal y humano.

¿Qué haría usted si Dios le pide que ofrezca a su único hijo en holocausto? Si cree en el poder de Dios para quien nada es imposible, sin importar cuán desagradable sea Su pedido, usted logrará obedecerlo. Entonces recibirá las bendiciones inmersas en 'Jehová proveerá'.

Ya que el poder de Dios es ilimitado, Él prepara todo por anticipado, lo lleva a cabo y retribuye con bendiciones si obedecemos por completo y sin tener ningún tipo de pensamiento carnal, al igual que Abraham. Si hay algo que amamos más que a Dios o decimos 'Amén' únicamente ante las cosas que concuerdan con nuestros pensamientos y teorías, nunca podremos recibir la bendición de 'Jehová proveerá'.

Como está escrito en 2 Corintios 10:5, que dice: *"Derribando argumentos y toda altivez que se levanta contra el conocimiento de Dios, y llevando cautivo todo pensamiento a la obediencia a Cristo"*, para recibir y experimentar la bendición inmersa en 'Jehová proveerá', debemos desechar todo tipo de pensamiento humano y poseer fe espiritual con la cual podemos decir 'Amén'. Si Moisés no hubiera tenido fe espiritual, ¿cómo habría dividido el Mar Rojo en dos? Sin la fe espiritual, ¿cómo hubiera logrado Josué destruir la ciudad de Jericó?

Si se obedece únicamente las cosas que concuerdan con nuestros pensamientos y conocimiento, no podremos llamar a eso 'obediencia espiritual'. Dios crea algo de la nada, por tanto, ¿cómo puede ser Su poder el mismo que la fortaleza y conocimiento de los hombres que crean algo de algo?

Mateo 5:39-44 dice así: *"Pero yo os digo: No resistáis al que es malo; antes, a cualquiera que te hiera en la mejilla derecha, vuélvele también la otra; y al que quiera ponerte a pleito y quitarte la túnica, déjale también la capa; y a cualquiera que te obligue a llevar carga por una milla, ve con él dos. Al que te pida, dale; y al que quiera tomar de ti prestado, no se lo rehúses. Oísteis que fue dicho: Amarás a tu*

prójimo, y aborrecerás a tu enemigo. Pero yo os digo: Amad
a vuestros enemigos, bendecid a los que os maldicen, haced
bien a los que os aborrecen, y orad por los que os ultrajan y
os persiguen".

¿Cuán distinta es esta palabra de verdad de Dios de nuestros
propios pensamientos y conocimiento? Es por esto que le animo
a mantener en mente que si trata de decir 'Amén' solo a lo que es
agradable para sus pensamientos, no podrá cumplir con el reino
de Dios ni recibir la bendición de 'Jehová proveerá'.

Aunque profese la fe en el Dios Todopoderoso, ¿se ha
sentido atribulado, ansioso y preocupado al enfrentar cualquier
problema? Entonces no se puede considerar eso como fe
verdadera. Si tiene fe verdadera, debe confiar en el poder de Dios
y encomendar cualquier problema en Sus manos con gozo y
gratitud.

Ruego en el nombre de nuestro Señor Jesucristo que usted
considere a Dios como lo primero, que sea lo suficientemente
obediente para decir 'Amén' a cada palabra de Dios, que busque
la paz con todos al igual que la santidad y que crea en el poder del
Dios que es capaz de levantar muertos, para que así pueda recibir
el gozo y la bendición inmersa en la promesa de 'Jehová proveerá'.

El autor:
Dr. Jaerock Lee

El Rev. Dr. Jaerock Lee nació en 1943 en Muan, Provincia de Jeonnam, República de Corea. A sus veinte años, él padeció de una serie de enfermedades incurables durante siete años, y al no tener ninguna esperanza de recuperación, él esperaba únicamente la muerte. Cierto día, durante la primavera de 1974, fue invitado por su hermana a una iglesia, y cuando se inclinó para orar, el Dios vivo inmediatamente lo sanó de todas sus enfermedades.

Desde el momento en que el Rev. Dr. Lee conoció a Dios a través de aquella experiencia maravillosa, él ha amado a Dios con todo su corazón y sinceridad. En 1978 él recibió el llamado a ser un siervo de Dios. Clamó fervientemente a fin de entender con claridad la voluntad de Dios y llevarla a cabo por completo, y obedeció a cabalidad la Palabra de Dios. En 1982 fundó la Iglesia Central Manmin en Seúl, Corea del Sur, e innumerables obras de Dios, incluyendo sanidades o prodigios milagrosos, han tomado lugar en la iglesia.

En 1986 el Rev. Dr. Lee fue ordenado como pastor en la Asamblea Anual de la Iglesia de Jesús de Sungkyul de Corea, y cuatro años más tarde sus sermones empezaron a ser transmitidos en Australia, Rusia, las Filipinas, y otros lugares a través de la Compañía de Radiodifusión del Lejano Oriente, la Estación de Radiodifusión de Asia, y el Sistema Radial Cristiano de Washington.

Luego de transcurridos tres años, en 1993, la Iglesia Central Manmin fue denominada por la Revista *Christian World* de EE. UU. como una de las '50 Iglesias Principales del Mundo'. El mismo año el Dr. Lee obtuvo un Doctorado Honorario en Teología en Christian Faith College, Florida, EE. UU., y en 1996 obtuvo un Ph.D. en Ministerio en el Seminario Teológico de Kingsway en Iowa, EE. UU.

Desde 1993, el Rev. Dr. Lee ha tomado la batuta en el área de las misiones mundiales a través de cruzadas evangelísticas internacionales en Tanzania, Argentina, Los Ángeles, Baltimore, Hawái, y la ciudad de Nueva York en los

Estados Unidos, Uganda, Japón, Pakistán, Kenia, las Filipinas, Honduras, India, Rusia, Alemania, Perú, República Democrática de Congo e Israel. En el año 2002 los principales diarios cristianos de Corea lo nombraron 'el Pastor mundial' por su labor en varias Grandes Cruzadas Unidas internacionales.

Hasta Junio de 2013, la Iglesia Central Manmin cuenta con una congregación de más de 120.000 miembros; tiene 10.000 iglesias filiales locales e internacionales en el mundo entero, más de 129 misioneros que han sido comisionados a 23 países, entre ellos los Estados Unidos, Rusia, Alemania, Canadá, Japón, China, Francia, India, Kenia, y muchos más.

Hasta la fecha de esta publicación, el Dr. Lee ha escrito 87 libros, incluyendo algunos en lista de superventas de librería tales como *GOZANDO DE LA VIDA FRENTE A LA MUERTE, MI VIDA MI FE I y II, EL MENSAJE DE LA CRUZ, LA MEDIDA DE FE, CIELO I y II, INFIERNO,* y *EL PODER DE DIOS.* Sus obras han sido traducidas a más de 76 idiomas.

Sus editoriales cristianos se publican en los diarios *The Hankook Ilbo, The Chosun Ilbo, The JoongAng Daily, The Dong-A Ilbo, The Munhwa Ilbo, The Seoul Shinmun, The Kyunghyang Shinmun, The Korea Economic Daily, The Korea Herald, The Shisa News,* y *The Christian Press.*

El Dr. Lee es actualmente el líder de muchas organizaciones y asociaciones misioneras, entre ellas: Presidente de la Iglesia de la Santidad Unida de Jesucristo, Presidente de la Misión Mundial Manmin, Presidente vitalicio de la Asociación de Avivamiento y Misiones Cristianas Mundiales, Fundador y Presidente de la Junta de la Red Cristiana Mundial (GCN por sus siglas en inglés), Fundador y Presidente de la Junta de la Red Mundial de Médicos Cristianos (WCDN por sus siglas en inglés), y Fundador y Presidente de la Junta del Seminario Internacional Manmin (MIS por sus siglas in inglés).

CIELO I y II

Una descripción detallada del maravilloso y vívido ambiente que los ciudadanos del Cielo disfrutarán en los cinco niveles del Reino de los Cielos, además de una hermosa descripción de cada uno de ellos.

MI VIDA, MI FE I y II

La autobiografía del Dr. Jaerock Lee proporciona un fragante aroma espiritual a los lectores a través de su vida extraída del amor de Dios que brotó en medio de olas oscuras, un yugo frío y la mayor desesperación.

EL MENSAJE DE LA CRUZ

Un poderoso mensaje de avivamiento para todos aquellos que están espiritualmente adormecidos. En este libro encontrará la razón por la que Jesús es el único Salvador y es el verdadero amor de Dios

LA MEDIDA DE FE

¿Qué tipo de lugar celestial y qué tipo de corona y recompensas están preparadas para usted en el Cielo? Este libro proporciona la sabiduría y guía para que usted mida su fe y cultive una fe mejor y más madura.

INFIERNO

Un sincero y ferviente mensaje de Dios para toda la humanidad. ¡Dios desea que ningún alma caiga en las profundidades del infierno! Usted descubrirá una descripción nunca antes revelada de la cruel realidad del Hades y del Infierno.